『주역』 읽기

세창명저산책_053

『주역』읽기

초판 1쇄 인쇄 2017년 6월 22일
초판 1쇄 발행 2017년 6월 29일
—
지은이 임형석
펴낸이 이방원
기획위원 원당희
편집 홍순용·김명희·이윤석·안효희·강윤경·윤원진
디자인 손경화·전계숙　　**마케팅** 최성수
—
펴낸곳 세창미디어

출판신고 2013년 1월 4일 제312-2013-000002호

주소 03735 서울시 서대문구 경기대로 88 냉천빌딩 4층

전화 02-723-8660　　팩스 02-720-4579

이메일 edit@sechangpub.co.kr　　홈페이지 http://www.sechangpub.co.kr/
—
ISBN 978-89-5586-491-5 03140

이 도서의 국립중앙도서관 출판시도서목록(CIP)은 서지정보유통지원시스템 홈페이지(http://seoji.nl.go.kr)와
국가자료공동목록시스템(http://www.nl.go.kr/kolisnet)에서 이용하실 수 있습니다. CIP제어번호: CIP2017014223

세창명저산책_053

『주역』 읽기

임형석 지음

세창미디어
MEDIA

머리말

나는 여기서 다음과 같이 천명하려고 한다.

첫째, 주역은 완벽하지 않다!

굳이 부정적인 말로 시작한 이유는 주역이 완벽하다고 믿는 사람이 많기 때문이다. 주역이란 물건이 생긴 이후로 주역을 읽은 사람도 많고 주역이 이런 것이라 주장하는 말도 따라서 많다. 하지만 특정 인물이, 특정 해석 방식이 절대적이지는 않다. 굳이 말하자면 모두 일리 있는 정도다. 심지어 여러분이 읽으려고 하는 이 책도 결코 완벽하지 않다.

주역은 미래를 예측하려는 신비주의를 담고 있다. 나아가 단순명료한 원리로 세상을 이해하는 방식도 제시한다. 하지만 어느 쪽이든 완벽성을 전제로 한다면 청맹과니 같은 소리만 반복하게 될 것이다. 사유를 본성으로 하는 인간은 주역 이외에도 미래를 예측하는 많은 방식과 원리를 가지고 있고 주역은 절대 유일무이한 방식이 아니다. 주역이 만약 유일무이한 방식이나 원리였다면 세상은 벌써 주역이 좌지우지하고 있었을 것이다.

둘째, 주역은 완전하지 않다!

신념을 가진 사람에게 주역이 완전체로 보이겠지만 믿음을 버린 사람에게는 그렇지 않다. 우리가 아는 주역은 오랜 세월에 걸쳐 수많은 암송자들이 줄기차게 읊어 온 기억을 문자로 정착시킨 서물일 뿐이다. 되짚어 합리적으로 생각하면 동서양의 숱한 고대 문헌이 문자로 정착한 과정을 반복했을 것이 틀림없다. 20세기 초반의 의고학파와 중반 이후 중국 고고학의 성과를 보더라도 이것은 실증할 수 있을 것이다.

셋째, 고전으로 돌아가자!

주역이 고전인데 다시 고전으로 돌아가자니? 이렇게 되물을 수 있다. 그러나 우리가 아는 주역에는 후세의 해석에 지나지 않는데도 원래 있었던 양 자리를 차지하고 있는 부분이 포함되어 있다. 고전학의 지상과제는 고대 언어를 후세의 방식으로 읽지 않고 고대 당시의 문법과 의미로 읽는 것이다. 지금 주역 독법은 주역이 형성된 시기보다 수백 년, 수천 년 뒤의 해석을 따른 것이 절대 다수를 차지한다. 고전으로 주역을 읽는 것은 틀에 박힌 해석을 반복하지 않고 당시 언어로 다시 읽는 일이다.

이 책은 그래서 주역 당시의 언어를 중심에 두려고 한다. 상수나 의리 따위 해석은 여기서 찾을 수 없을 것이다. 만약 그것을 기대한다면 여기선 건질 게 없다. 언어를 중심으로 하기 때문에 이 책은 우선 철학에서 문학으로 주역의 지평을 옮기려고 한다. 이때 문학은 역사 사건과 결합한 문학이다. 그렇다고 주역 전체를 통틀어 서사시로 읽자는 이야기는 물론 아니다. 주역을 통틀어 서사시로 읽으려는 시도들도 완벽성과 완전성을 전제한 신념 체계의 하나에 지나지 않기 때문이다.

넷째, 무엇을 읽을 것인가?

우리가 아는 주역은 마치 갈라진 지층처럼 시대가 다른 문헌들이 겹겹이 쌓여 있다. 여기서 가장 오래되고 해석이 덜 가미된 층은 흔히 '역경'이라 부르는 문헌이다. 주역 안에 포함되어 이미 일부를 구성하는 초기 해석인 '역전'은 달리 읽어야 한다. 따라서 이 책은 원래 텍스트인 역경만 읽을 것이다. 역전은 다른 기회로 미뤄야겠다.

다섯째, 어떻게 읽을 것인가?

역경은 64개의 '괘'를 모아 놓은 덩어리이다. 역경도 편집자가 있었고 그 입맛에 맞는 기존의 내용을 편집한 것으로 파악할 수 있다. 역경 편집자가 한 사람인지, 집단인지 알 길은 없지만 제 나름 편집 원칙은 있었던 것 같다. 특정 괘에 특정 유형이 겹치는 사건을 모아 놓은 다발 같은 형태일 것이라고 짐작한다.

따라서 이런 주역 독법을 제안하고 싶다. 역경의 64괘를 각각의 괘는 영화의 시퀀스sequence처럼, 한 괘의 여섯 개 효는 영화의 신scene처럼 읽기. 각각의 괘는 다발이기 때문에 하나의 괘가 두 개 이상의 시퀀스인 경우도 있다. 또한 두 개의 연속된 괘가 하나의 시퀀스를 이루는 경우도 물론 있다. 그리고 편집의 문제였겠지만 연속되지 않고 뚝 떨어져 있는 괘 사이에 시퀀스가 성립할 때도 있다. 좀 복잡하게 들린다. 일단 64괘 각각을 독자적인 시퀀스로 읽는 방식을 권한다.

주역을 읽을 때 상상력과 이성의 힘, 두 가지가 모두 필요하다. 특히 역경을 읽을 때는 상상력을 발휘해야 하는 경우가 많다. 물론 제멋대로인 상상은 공상에 불과할 것이다. 상상은 자료가 있어야 하고 그것은 역경의 문자이다. 이를 바탕으로 머릿속에 그림을 그리고 이미지를 떠올릴 때 비로소 64괘의 이야기는 제 모습을 드러낼 것이다.

여섯째, 무엇을 근거로 했는가?

주역 해석의 양대 진영을 상수역학과 의리역학이라 꼽는다. 이것 말고도 20세기 이후의 고증역학이 있다. 제3의 역학이라고 할 수 있겠다. 상수역학과 의리역학이 일리가 있다는 것은 다시 말할 것도 없다. 그러나 이 책의 목표는 고전을 고전답게 읽고자 하는 것이고 따라서 고증역학의 성과를 따른다.

일일이 열거할 수도 없이 수많은 고증학의 스타들이 떠오른다. 하지만 산발적인 해석과 고증을 일일이 참고하기는 힘들다. 그래서 택한 것이 리징츠李鏡池, Li Jing-chi, 1902~1975 선생의 주역통의周易通義이다. 훌륭한 작품이다. 이 책은 주역통의의 번역은 아니다. 하지만 그것을 뼈대로 삼았다고 해도 좋을 정도로 많이 참고했다. 까오헝高亨, Gao Heng 선생의 책도 참고했다. 좋은 책이긴 하지만 주희의 주장을 합리화하려는 점이 역경의 진면목을 가리는 흠이 있다고 생각한다. 까오헝 선생의 주역고경금주周易古經今注는 이미 20년 전에 우리말 번역이 나와 있다. 리선생과 까오 선생은 고증역학의 쌍벽이라고 해도 지나친 말이 아닐 것이다. 이 밖에 원이둬聞一多, Wen Yi-duo 선생의 주역의증유찬周易義證類纂을 비롯한 다른 고증역학서도 참고했다.

1장
주역을 읽기 위한 준비

   이 책은 역경과 역전으로 구성된 현존 주역에서 역경 부분만 독해하고 해설하려는 의도를 가지고 있다. 역전까지 알아야 주역을 전체적으로 이해하지 않겠느냐 생각할 수 있겠다. 그럴 수도 있다. 하지만 역전도 역경을 새롭게 읽은, 일리 있는 해석일 뿐이다. 원점에서 시작하는 것이 옳겠다.

   주역이라는 말을 제목에 썼지만 이 장에서는 역경, 특히 역경 텍스트의 성격과 형식을 설명할 것이며 역전은 역경과 관련되는 한도에서만 언급할 것이다. 주역의 변죽을 울리거나 언저리를 훑는 말도 과감히 잘라 버리려고 한다. 주역을 읽고 알려고 할 때 텍스트로서 역경의 성격과 형식을 아는 것을 첫걸음으로 삼아야 마땅할 것이기 때문이다.

주역이라는 제목은 무엇을 가리키는가

주역은 주周와 역易 두 글자가 한 낱말을 이루고 있는 책 제목이다. 언제부터 이렇게 불렸는지 명확히 알 수 없다. 고대 중국어는 한 글자 한 낱말이 원칙이기 때문에 이처럼 두 글자로 된 제목을 이해하려면 한 글자씩 해설할 필요가 있다. 주역의 주 자에 특별한 의미를 부여한 사람도 여럿 있지만 그것은 본래 의미와 상관없는 이야기일 듯하다. 주 자가 고대 중국 왕조 가운데 하나인 주나라를 가리킨다는 소박한 생각이 가장 나은 듯하다.

주역의 역 자에 대해서도 많은 주장과 이야기가 있다. 소박하지만 그저 책 이름이라는 일반적인 생각이 옳겠다. 그리고 역 자에 심오한 의도가 담겨 있다는 심각한 주장은 전통적으로 다음 네 가지 정도가 있다. 간단히 소개해 보자.

① 도롱뇽 같은 양서류나 수생파충류를 가리키는 말이라는 주장이다. 이렇게 주장한 최초의 인물은 아마 한나라 때 허신許慎일 것이다. 송나라 때 홍매洪邁는 '몸 빛깔을 바꿀 수 있는' 짐승이라고 콕 짚어서 지적했다. 이 주장은 지나친 합리화가 아닌가 싶지

만 이야기를 좋아하는 사람들은 여기서 많은 계발을 받았다.

② 해와 딜에 애낭하는 일日 자와 월月 자를 합친 글자라는 주장이다. 한나라 때 성행한 위서緯書에 등장하는 주장이지만 이것도 지나친 신비화 내지 합리화일 뿐이고 첫 번째 주장의 아류일 것이다.

③ 변화의 의미로 읽는 방식이다. 역전의 하나인 계사전의 주장에 입각한 것인데 역전이 그러하듯 이것도 후세의 합리화에 지나지 않는다.

④ 이상 세 가지 의미를 모두 포함하고 있는 통가通假라는 주장이다. 이것도 한나라 때 위서에서 시작된 주장이고 일종의 지나친 합리화이기는 마찬가지다.

고대 중국의 중요한 언어 현상인 통가에 관해서는 다음 장에서 설명하겠지만 통가를 응용해서 역 자를 설명한 주장이 있어서 소개해 보겠다. 청나라 사람 주준성朱駿聲의 흥미로우며 합리적인 주장이다.

주례 태복에는 세 가지 역을 관장하는 규정을 기록하고 있다. 세 가지 역은 첫째 연산連山, 둘째 귀장歸藏, 셋째 주역이다. 세 가지 역이란 말에서 역 자는 격覡 자의 통가자일 것이고 주역의 역 자는 양陽의 통가자라는 것이 내 생각이다. 하나라 때는 간괘를 처음에 두었기 때문에 연산이라고 불렀고 상나라 때는 곤괘를 처음에 두었기 때문에 귀장이라고 불렀으며 주나라 때는 건괘를 처음에 두었기 때문에 주역이라고 불렀다. 주역의 주 자는 주周 자의 가차자이고 주역의 역 자는 양昜의 오자이다. 여섯 효가 모두 양昜이기 때문에 주양周昜이라고 한 것이다.

주준성은 주역이란 말이 주양의 변형이라고 생각한다. 그는 세 가지 역, 곧 삼역三易이라는 말에서 역 자와 주역이라는 말에서 역 자가 다른 뜻을 가진 것이라고 전제한다. 삼역의 역 자는 하나라, 은나라, 주나라 때의 국가 공인 무당을 가리키는 격覡 자의 통가이고 주역의 역 자는 음양의 양陽 자의 통가라는 것이다. 삼역의 역 자에 대한 주준성의 설명은 매우 중요하다. 현대 중국 역학자들이 주역의 역 자를 벼슬이라고 해석할 때 이런 실마리를 제공한 중요한 아이디어가 여기서 나왔다. 따라서 나는 지나친 합리화와 신비주의를 버리고 다음과 같이 정리하려고 한다. 첫째, 주역은 책 이름이다. 둘째, 주역이라는 책 이름은 고대 관직 이름에서 나왔다.

주역은 어떻게 구성되어 있는가

주역은 크게 역경과 역전, 두 부분으로 구성된 텍스트이다. 역경은 주역의 앞쪽에 편집되어 있고 가장 일찍 형성된 부분이다. 주역이라는 제목에 주나라를 뜻하는 주 자가 들어 있는 것을 보아 중원의 패권을 잡은 기원전 11세기 이후의 주나라와 관련이 있다는 것을 짐작할 수 있다. 지금으로부터 얼추 삼천 년 전의 일이다. 역전은 이보다 훨씬 나중에 짓고 편집한 텍스트인데 적어도 한나라 때부터는 역경과 함께 편집한 주역의 일부가 되었다.

주역을 역경과 역전으로 나누듯, 역경도 다시 둘로 나눈다. 이것을 각각 상경과 하경이라 부르지만 특별한 뜻은 없고 앞쪽, 뒤쪽을 가리킨다. 책으로 편집하면서 적절한 분량을 하나씩 따로 묶었기 때문에 이렇게 나뉘게 되었을 뿐이리라. 그러니 심각한 의미를 부여하지는 말자.

상경이든 하경이든, 역경을 구성하는 기본 단위는 괘卦라고 부른다. 괘가 무슨 뜻인지, 주장은 많아도 딱 부러지게 택할 만한 것은 없다. 여러 주장을 아울러 보자면 괘는 '표현', '게시'라는 의미를 가진다는 정도이다.

역경의 괘는 모두 64개가 있다. 64괘는 각각 가로로 누운 여섯 줄의 막대로 구성되어 있다. 여섯 줄의 막대는 효爻라고 부른다. 효는 본래 매듭을 가리키는 그림 문자이다. 효에는 두 종류가 있다. 쭉 이어져 한 줄인 것처럼 보이는 효(一)는 양陽을 상징한다고 보아 양효라고 부른다. 중간이 끊어져 두 줄인 것처럼 보이는 효(--)는 음陰을 상징한다고 보아 음효라고 부른다. 효의 기원에 대한 확실한 설명은 아직 없지만 숫자 표시에서 유래했다는 탕란唐蘭 선생의 주장을 잠정적으로 따르겠다.

역경에는 원래 여섯 줄의 효가 하나의 괘를 구성한 64개의 그림만 있었을 것이라 짐작해 왔다. 그런데 오늘날 역경의 모든 괘에는 그림뿐 아니라 말도 붙어 있다. 역경에 붙어 있는 말을 사辭라고 부른다. 사에는 두 가지가 있다. 괘 전체를 대상으로 하는 괘사卦辭와 효를 대상으로 하는 효사爻辭가 그것이다. 따라서 역경은 괘상卦象, 곧 괘의 그림과 괘효사로 구성되어 있는 것이다.

괘가 64개이기 때문에 괘 전체에 대한 괘사는 당연히 64개가 있다. 하나의 괘는 6개의 효로 구성되어 있기 때문에 효사는 64 곱하기 6, 곧 384개이다. 그러나 효사는 사실 386개이다. 역경의 첫 번째 괘인 건괘의 마지막에 용구用九, 두 번째 괘인 곤괘의 끄트머리에 용육用六이라는 이름을 가진 효사가 하나씩 더 있기 때문이다.

역경 이외에 오늘날 우리가 알고 있는 주역에는 역경 말고도 역전이 덧붙어 있고 그래서 지금은 역경에 역전을 보태서 주역이라고 부르고 있다. 하지만 주역의 최초 형태에는 역경만 있었기 때문에 역경이 바로 주역이었을 것이다. 역전은 모두 일곱 가지인데 그중 상편과 하편으로 나눈 것까지 낱낱이 헤아려서 열 가지라고 부르는 것이 관례이다. 그래서 역전이 열 가지라고 십익+翼, 곧 열 개의 날개라는 말이 생겼다. 대략 한나라 때부터 십익이란 말을 썼다고 한다. 몸통이 아닌 날개라고 했으니까 한나라 때 사람들도 역경이 몸통이라는 점을 인지하고 있었다.

주역의 본체인 역경은 본디 점을 치기 위해서 편집한 물건이다. 하지만 주역이 그렇게 존중받을 수 있었던 이유는 역경에 있는 것이 아니라 역전에 있다고 흔히 말한다. 그리고 '철학적으로 변모했다'라는 말로 역경에서 역전으로 '발전했다'고들 말한다. 다시 한 번 말하지만 이런 입장은 역전의 중요성을 강조하다가 역경을 얕잡아 보게 만들기 쉬우니 조심해야 한다. 또한 역경이 성립할 때 이미 의도적인 선택이 개입해 있었다는 역사적 사실을 망각하기 쉬우니 주의해야 한다. 주역을 구성하는 중요한 부분인 역전을 이 책에서는 다루지 못해 유감이지만 틀림없이 다른 기회가 생길 것이다.

주역은 언제 생겼는가

점을 치기 위해 편집한 역경은 주나라가 중원의 패권을 잡은 기원전 11세기 이후의 산물로 짐작할 수 있다고 했다. 이때가 아마 역경 내지 주역 형성의 상한선일 것이다. 이 때문인지 주나라의 창업자들의 이름은 주역의 형성사에 빠짐없이 등장한다. 그래서 주역의 형성사를 살펴야 하겠고 그러기 위해서는 우선 전설부터 살펴보아야 한다.

역전의 하나인 계사전은 64괘의 괘상을 만든 사람이 신화 전설 시대의 제왕들이라고 한다. 이것은 전설이라 보아야 할 것이다. 그리고 괘상에 말을, 곧 괘효사를 붙인 사람이 문왕과 주공이라는 전설도 계사전의 애매한 말을 근거로 생겼지 싶다. 한나라 사람 사마천司馬遷이 보낸 편지, 보임안서報任安書에도 주나라 창업자의 하나인 문왕이 역을 지었다는 말이 나오니 상당히 오래된 생각인 줄 알겠다. 그런데 굳은 전설에 토를 다는 사람이 나타난다. 주역정의周易正義를 편집하면서 '괘효사에 문왕 이후의 사실이 많다'고 지적한 당나라 사람 공영달孔穎達 같은 이가 대표적이다. 그는 명이괘의 내용 등을 증거로 제시했다.

신희 긴별의 시대부터 은수 혁명기까지가 주역을 지은 시기는 아니라는 사실이 밝혀졌지만 많은 사람들은 미욱하게 그대로 믿는 형편이 지속되었다. 그러다가 20세기에 들어서서 비로소 이런 믿음에 금이 가고 결국 붕괴되었다. 고증역학의 노력 덕분이라고 할 수 있다.

꿔모뤄郭沫若는 주역이 완성된 시기가 전국시대쯤이라고 주장했다. 이전의 생각에 비하면 시점을 굉장히 뒤로 미룬 셈인데, 근거가 좀 부족하다. 꿔모뤄라는 사람이 낭만적이랄지, 자유로운 정신을 가진 탓이랄지 싶다. 말을 번식시킨 이야기를 담고 있는 진괘 괘사를 근거로 역경은 주나라 초기 성왕 때 작품이라고 딱 부러지게 주장한 사람도 있었지만 이것도 억지이긴 마찬가지일 것이다. 내용을 보든 정서를 보든 역경의 말이 시경詩經의 변아變雅, 곧 후기 작품들과 비슷하다고 리징츠는 생각했다. 역경과 변아는 산문과 운문을 결합시키고 민요를 인용하는 따위의 언어 형식을 보여 주고 있는데, 이것은 주나라 초기 수준에서 불가능하다는 것이 리징츠의 논점이다. 리징츠는 그래서 역경의 괘효사가 서주 말기에 형성되었다고 본다. 결국 이런 여러 주장을 아울러 어림잡아 보면 주나라 초기보다는 이후이고 전국시대보다는 이전의 시기에 천천히 형성되었다고 보는 편이 좋겠다.

역전의 형성사는 좀 더 복잡한 양상이다. 성서에 내경과 외경이 있거나 맹자에 내서와 외서가 있는 것처럼 역전에도 내전이 있고 외전이 있다. 내전은 현존 주역에 편집되어 있는 역전 그룹이고 외전은 그렇지 않은 역전 그룹이다. 이것은 1973년 중국 후난성 창사시 마왕뚜이馬王堆에서 출토된 한나라 때 백서帛書 역전도 실증한다. 현존 주역에 수록된 역전은 역경과 분리되어 형성된 주석서들이 역경과 통합된 과정의 흔적을 그대로 남기고 있다. 곧 역전 일곱 가지 가운데 단전, 상전, 문언전은 내전 그룹으로 인정받아 역경과 함께 편집되었고 계사전, 설괘전, 서괘전, 잡괘전은 외전의 형태를 그대로 유지하고 있다. 이들 역전이 각각 어느 시기에 역경과 합류하게 되었는지는 현재 알 수 없지만 적어도 전국시대가 끝날 무렵에는 현재의 형태를 갖춘 주역의 형성이 완료되었다는 것은 짐작할 수 있다. 그러면 역전도 춘추시대부터 전국시대까지 천천히 형성되었다고 보는 편이 타당하겠다.

주역은 누가 지었는가

주역의 지은이 문제는 사실 형성 시기 문제와 짝을 이루는 동전의 양면과 같은 것이다. 복희가 괘를 만들고 문왕이 괘사를 짓고 주공이 효사를 지었으며 공자가 십익을 지었다는 전설은 주역의 형성사이기도 하고 주역의 지은이에 대한 진술이기도 하다. 이런 전설을 이제 받아들일 수 없다는 것은 분명하다. 앞서 말한 것처럼 다만 주역이 오랜 세월에 걸쳐 천천히 형성되었다는 진술로 받아들이는 정도가 낫겠다. 복희, 문왕, 주공, 공자 같은 고대 문명의 문화 영웅들이 아니라면 과연 주역을 짓고 편집한 사람들은 어떤 사람들일까?

삼역이 세 개의 왕조에 각각 존재한 텍스트가 아니라 주나라 때 동시에 있었다고 믿음 직한, 세 가지 형태의 점치는 방법을 관장하던 국가 공인 무당을 가리킨다는 주준성의 말을 상기해보자. 그렇다면 주역, 특히 그 원형인 역경의 지은이는 아마도 점을 관장하던 벼슬아치라고 생각하는 것이 합리적일 것이다. 국가 공인 무당들이 늘 점을 쳤고 그들이 오랫동안 데이터를 축적했다는 것은 갑골문도 실증하는 사실이다.

국가 공인 점쟁이, 곧 서관筮官의 일상은 점을 치는 도구를 준비해 두고 사안에 따라 점을 치며 점친 결과를 기록하는 것이었다. 점의 결과는 해마다 연말이 되면 일괄적으로 얼마나 잘 맞았는지 검사하게 된다. 서관들은 이것을 준비하는 임무도 수행했을 것이다. 점사占辭, 곧 그들이 점친 데이터는 세대를 거듭하며 축적되었을 텐데 거기에는 교육적 가치도 있었을 것이다. 새로운 서관을 양성할 때 과거의 점사는 교육 자료, 곧 교재나 참고서였을 것이라는 말이다. 교육과 관련해서 훗날 주역을 도덕 수신의 책이라고 이해한 것도 전혀 근거 없는 생각은 아니었을 것이다.

주역, 특히 역경의 지은이가 누구라고 특정하기는 어렵다. 그것은 시대가 멀리 떨어져 있기 때문도 아니고 전설을 믿을 수 없기 때문도 아니다. 역경이 점치기 위한 텍스트라는 점이 분명한 이상 역경의 지은이가 서관 가운데 누구 또는 복수의 누구들이라고 하는 것이 옳겠다. 그래서 역경의 지은이는 데이터 생산 주체를 놓고 보자면 주나라 초기부터 전국시대 이전까지 생존한 서관 집단이라고 해야 할 테고 편집 주체를 놓고 보자면 전국시대 이전 어느 시기의 특정 서관이나 특정 서관 집단이라고 해야 옳겠다. 마치 논어의 주인공은 공자이지만 논어라는 텍스트의 편집자 또는 지은이가 공자의 제자들이나 제자의 제자들인 것처럼 말이다. 이런 상황은 고대에 텍스트를 짓거나 편집하거나 확정할 때 흔히 벌어지는 일이다.

점복이란 무엇인가

역경의 지은이는 서관 집단일 것이고 점치기 위한 교재로 편집된 텍스트라고 말했다. 그렇다면 역경의 성질을 알기 위해 고대 중국의 점에 대해 알아볼 때가 되었다. 점의 본질이 미래 예측이라는 것은 말할 나위가 없지만 오늘날과 달리 고대 중국에서 점은 예禮, 곧 사회 제도의 일종으로 제도화되어 있었다는 것도 잊어서는 안 되겠다.

고대인의 사고방식을 이해하는 일은 매우 다른 형태의 사회에 살고 있는 현대인에게 어려운 일인데, 점의 범위와 내용은 더구나 그러하다. 고대인은 매사에 점을 쳤다고 보는 것이 옳겠다. 주요 산업인 농업, 특히 수확 등등에 대한 예측을 위해 점을 치는 것은 그래도 납득할 수 있는데 제사를 지낼 날짜를 정한다든지 외출할지 말지 여부까지 점을 친 것은 이해하기 힘들다. 어쨌든 고대인이 수많은 종류의 점법을 두루 이용하고 있었다는 것은 틀림없는 사실이다.

점의 범위와 내용만큼 현대인이 이해하기 어려운 것이 점의 방법이다. 고대 중국의 점 가운데 국가적 차원에서 중요하게 생각한 방법은 두 가지이다. 은나라 때 주로 성행한 귀복龜卜과 주나라 때 주로 성행한 점서占筮가 그것이다. 점복, 곧 귀복과 점서라는 두 가지 형태의 점법은 사실 은나라와 주나라 때 공존하는 양상이었다. 다만 두 왕조가 중시한 초점이 달랐다는 것만 차이가 있을 것이다.

문헌의 시대적 적실성이 문제이기는 하지만 주역만큼이나 오래된 문헌인 상서尙書의 홍범洪範 편은 다음과 같은 이야기를 전하고 있다. 귀복과 점서에 대해 고대인이 어떻게 생각하고 있었는지 실마리가 되기 때문에 좀 길어도 옮겨 보겠다.

임금에게 큰 의문이 생기거든 먼저 임금의 마음에 물어보고 귀족과 관리에게 물어보며 백성에게 물어보고 귀복과 점서에 물어보십시오. 그렇게 해서,

① 임금의 마음도 흡족하고 귀복도 따르고 점서도 따르며 귀족과 관리도 따르고 백성까지 따르는 경우는 모두 일치한다大同고 합니다. 임금은 편안해지고 자손은 창성하게 되니 길합니다.

② 임금도 흡족하고 귀복도 따르고 점서도 따르는 경우는 귀족과 관리가 거스르고 백성이 거스른다 해도 길합니다.

③ 귀족과 관리가 따르고 귀복도 따르고 점서도 따르는 경우는 임금이 거스르고 백성이 거스른다 해도 길합니다.

④ 백성이 따르고 귀복도 따르고 점서도 따르는 경우는 임금이 거스르고 귀족과 관리가 거스른다 해도 길합니다.

⑤ 임금도 흡족하고 귀복도 따르지만 점서도 거스르고 귀족과 관리도 거스르며 백성도 거스르는 경우는 안에서 하는 일은 길하지만 밖에서 하는 일은 흉합니다.

⑥ 거북점과 시초점이 모두 사람을 거스르는 경우는 가만히 있으면 길하고 움직이면 흉합니다.

(*일련번호는 필자가 매겼고 대조의 편리를 위해 띄어 썼다.)

귀복은 거북 껍질을 불에 넣고 지져서 치는 점법이고 점서는 시초蓍草라고 불리는 풀의 줄기를 가지고 치는 점법이다. 거북이나 시초는 신령스러운 힘을 가지고 있다는 믿음 때문에 이런 재료를 골라 점을 쳤을 것이다. 귀복의 기록은 현존하는 갑골문의 대부분인 복사卜辭로 남았고 점서의 기록은 역경의 서사筮辭로 남았다.

홍범 편의 말은 고대 중국에서 귀복과 점서가 얼마만 한 영향력을 가지고 있었는지 짐작하게 해 준다. 의사 결정 과정에 크게 다섯 그룹의 의견을 참작하게 되는데 사람이 맡은 몫이 셋이고 신령이 맡은 몫이 둘이다. 각각의 몫은 동등하기 때문에 점복의 몫을 합하면 40퍼센트가 되고 비중이 상당히 크다.

우리가 보고자 하는 역경의 말들은 점복 가운데 서사에 해당한다. 서사가 복사와 밀접한 관련을 가질 뿐 아니라 현존 역경이 전하고 있는 서사가 불완전하기 때문에 역경을 이해하기 위해서 갑골문이 전하고 있는 복사를 잠시 살펴볼 필요가 있다. 갑골문의 발견과 연구 과정은 이미 다른 곳에서도 쉽게 접할 수 있기 때문에 생략하고 바로 갑골문이 남긴 고대 중국의 점법에 대해 이야기해 보겠다.

복사가 전하는 귀복의 방법

은허에서 발견된 갑골문은 거북 껍질이나 짐승 뼈에 새긴 점복 기록이다. 그래서 갑골문을 갑골 복사라고도 부르는 것이다. 점을 치기 위한 거북 껍질과 짐승 뼈는 점을 치기 전에 가공할 필요가 있다. 일반적으로 재료를 고르고 적당한 크기로 자른 뒤 다듬고 광을 내는 세 단계를 거친다. 재료를 준비한 다음 세밀하게 재가공하는 과정을 다시 거친다. 우선 거북 껍질이나 짐승 뼈 뒤쪽에 대추씨 모양의 홈을 일정한 간격으로 파고 홈의 한쪽에 칼이나 송곳으로 둥근 구멍을 뚫으면 재료 준비가 완전히 끝난다.

점을 칠 때는 불을 피워 홈이나 구멍을 가열한다. 그러면 홈이나 구멍 때문에 얇아진 서북 껍질이나 짐승 뼈가 열전도 차이 때문에 금이 가게 된다. 겪어 본 사람은 알지만 금이 갈 때 '탁' 하고 터지는 소리가 나게 마련이다. 이러한 갑작스러움이 신탁의 상상력을 더욱 자극했을 것이다. 이제 갈라진 금을 정인貞人이 판독하게 되고 신탁의 길흉을 선포하게 된다. 마지막 과정은 정인의 물음과 신탁의 대답을 붓으로 쓴 뒤 다시 칼로 새기는 일이다.

이렇게 생산된 복사에는 정해진 격식이 있다. 만약 완전한 복사라면 전사前辭, 명사命辭, 점사占辭, 험사驗辭 네 부분을 포함하고 있다. 서사敍辭라고도 부르는 전사는 점 친 시간과 점치는 사람을 기록한다. 명사는 점치고자 하는 일을 가리킨다. 점사는 거북 껍질이나 짐승 뼈의 갈라진 금이 보여 준 신탁을 기록한다. 험사는 이상을 기록한 다음에 벌어진 실제 상황을 나중에 기록한다.

위의 네 부분을 모든 갑골 복사가 포함하고 있지는 않다. 격식이 정해져 있는 것은 아니라는 말이다. 이제 비교적 완전한 복사의 예를 들어 격식이 어떠한지 설명해 보자. 32쪽의 그림은 꿔모뤄가 편집하고 지은 복사통찬卜辭通纂의 512번째 갑골문이다.

원문을 직접 찾아보고자 하는 사람을 위한 서지 사항을 밝히자면, 왼쪽 그림은 복사통찬의 38b면(郭沫若全集 본에서는 考古編 제

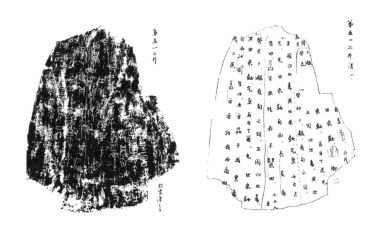

2책 118쪽)에 수록된 갑골 탁본이고 오른쪽 그림은 복사통찬고석
卜辭通纂攷釋의 111b면(郭沫若全集 본에서는 考古編 제2책 438쪽)에 수록
된 풀이 글이다. 여기서 소개하려는 것은 512번째 갑골문의 가
운데쯤에 있는 긴 세로줄을 기준으로 왼쪽에 있는 것이다. 이것
을 옮기면 다음과 같은데 갑골문의 특성상, 모든 글자를 문서입
력기로 처리할 수 없어서 □으로 처리한 것이 있다는 점을 양해
해 주기 바란다.

癸巳卜殼貞旬亡田王占曰出□其出來□气至五日丁酉允出來□
自西沚□告曰土方□于我東啚□二邑□方亦牧我西啚田

갑골문의 내용은 본래 이처럼 띄어쓰기 없이 쭉 이어져 있다. 하지만 문장을 나누고 표점부호를 붙인 다음 빠진 글자와 통가자까지 추가한 연구 결과는 대체로 다음과 같다.

癸巳卜, 殼貞, 旬亡田? 王占曰: "有祟, 其有來艱. 气至五日丁酉, 允有來艱自西." 沚□告曰: "土方征于我東鄙, 烖二邑. 工口方亦牧我西鄙田."

이상의 글을 문장별로 나눠서 설명하면 다음과 같다.

① 癸巳卜, 殼貞: 처음 두 문장인데 점친 시간과 점친 사람을 기록한 전사이다. 계사일에 '각'이라는 정인이 점을 친 것을 알 수 있다.

② 旬亡田: 세 번째 문장인데 점치려는 일을 기록한 명사이다. 망전亡田의 전 자는 갑골문에서 구咎와 통가될 수 있는 글자이다. 그래서 망전은 주역에 흔히 등장하는 무구无咎와 같은 말이라고 추정할 수 있다. 앞으로 열흘 동안 별일 없겠느냐는 뜻이다.

③ 王占曰 ~ 允來自西: 여기 나오는 왕의 말은 신탁인 점사이다. 갑골 복사의 원문에는 활자로 출력할 수 없는 글자가 있다. 여기서 屮□라고 처리한 부분을 연구자들은 아마 '有祟'이란 말

이었을 것으로 추정했다. 屮 자는 유有 자이다. 기其 자 다음도 마
찬가지로 유 자의 통가자이다. 내來 자 다음의 □에 해당하는 글
자도 활자로 출력하지 못했을 뿐인데 간艱 자와 통가된다. 유수
와 기유래간은 좋지 않은 일이 있을 것이라는 의미이다. 그 다음
의 기气 자는 흘汔 자와 통가된다. 윤允 자 다음 글자도 유 자, 내來
자 다음 글자도 앞서처럼 간 자와 통가된다. 점사의 내용은 좋지
않은 일이 있을 텐데 그것은 외부에서 오는 어려움일 것이며, 점
친 계사일부터 닷새째 되는 정유일이 되면 좋지 않은 일이 서쪽
에서 비롯하리라는 것이다.

④ 沚□告曰 ~ 끝: 왕의 말 다음에 나오는 지□沚□는 다른 정인
의 이름이다. 그의 말은 실제 벌어진 상황을 기록한 험사이다.
토방은 상나라와 혼거하던 이민족을 가리키는 이름이다. 토방
다음에 □로 표기한 글자를 연구자들은 정㞷 자라고 풀이했는데
정征 자의 통가자이다. 이읍二邑 앞의 □에 해당하는 글자는 재戕
자이며 이읍 다음의 곽을 씌운 글자는 공工 자 아래 구口 자가 붙
은 글자인 '공(叿이라고 쓸 수도 있을 것이다)' 자이다. '공방'은 앞의
토방과 마찬가지로 상나라 때 혼거하고 있던 이민족을 가리키는
말이다. 역 자 다음의 글자를 꿔모뤄는 목이라고 풀이했지만 의
견이 분분하다. 어떤 연구자는 추箒 자라고도 푼다. 어쨌든 험사

의 내용은 지□가 보고한 말이다. 토방이 우리 동쪽 변경을 침범해서 두 고을에 해를 입혔고 공방도 우리 서쪽 변경의 농경지를 약탈하고 있다는 것이다.

512번째 갑골을 상세하게 소개한 이유는 상나라 때 복사가 어떤 형식으로 구성되어 있는지 알아야 우리가 읽고자 하는 역경의 서사를 읽을 때 힌트를 얻을 수 있기 때문이다. 더구나 갑골문의 복사가 다루는 내용을 이해한다면 역경의 서사가 다루는 범위와 내용을 자연스럽게 이해할 수 있기 때문이기도 하다. 역경을 이해하고자 하는 해석자들이 가장 애를 먹는 것은 괘사나 효사를 읽어도 무슨 장면인지 그림이 그려지지 않는다는 점이다. 갑골문이 기록한 복사를 이해한다면 그림 그리기의 장애는 해소될 수 있을 것이라 믿는다.

512번째 갑골은 어떤 기간의 일반적 상황에 대해 물은 점사가 있고 전쟁과 약탈을 내용으로 하는 험사도 있다. 이 밖에 다른 복사가 기록한 내용도 폭이 굉장히 넓다. 제사, 농업, 수확, 사냥, 날씨, 정벌, 전쟁, 질병, 출산, 외출 등등 매우 넓은 범위를 다루고 있다. 상나라뿐 아니라 고대 중국인은 어떠한 일이든 점을 쳤다고 보는 것이 좋겠다. 이것은 역경의 괘효사가 말하는 범위와 거의 일치한다.

역전이 전하는 점서의 방법

이상 상나라 때의 귀복에 대해서 알아보았다. 이제 점서의 방법을 알아볼 차례다. 현존 주역의 역전, 거기서도 계사전에 점서의 방법을 소개한 부분이 남아 있다. 적어도 전국시대에 점서의 방법을 중요하게 생각하고 있었다는 기록이지만 사실 문제가 많은 대목이다. 대연지수大衍之數라는 말로 시작하기 때문에 흔히 '대연지수 장'이라고 부르는 계사전의 이 대목은 점서의 방법을 소개하기 위한 것이 아니라 점서의 우주론적 의미에 관해 설명하는 것이다. 그래도 주역을 이용한 점서의 방법을 대략이나마 눈치챌 수 있다.

주희가 지은 주역본의周易本義에는 점서의 방법을 소개한 서의筮儀라는 글이 있다. 공영달이 주역정의에서 이미 밝힌 적이 있지만 간략한 탓에 주희가 좀 더 부연해서 설명한 것이다. 그러나 서의에서 주장한 점서의 방법이 과연 고대의 방식을 얼마나 정확히 반영하고 있는지 알기 어려운 마당에 사람들은 이것이 유일하거나 올바른 점서의 방법이라고 믿고 있을 뿐이다.

다음은 서의에서 주장한 점서의 방법이다. 그리 중요하지 않은 부분은 생략하고 점서의 구체적 방법과 관련된 내용만 추려서 옮겨 본다.

장소를 가려 점치는 방을 꾸민다. 남쪽에 문이 있는 방 가운데 상을 놓고 시초 오십 줄기를 담은 상자를 … 상의 북쪽에 놓는다. 나무로 만든 네모 틀을 시초 상자 남쪽에 두는데 상의 가운데보다 약간 북쪽에 둔다. … 상자에서 시초를 꺼내 오십 줄기를 합치고 오른손으로 줄기 하나를 취해 상자에 도로 넣는다.

① 그리고 왼손과 오른손으로 마흔아홉 줄기를 나눠 네모 틀의 왼쪽과 오른쪽에 둔다.

② 이어서 왼손으로 왼쪽의 시초 줄기를 잡은 다음 오른손으로 오른쪽의 줄기 하나를 왼손의 새끼손가락과 무명지 사이에 끼운다.

③ 이어서 오른손으로 왼손에 있는 시초 줄기를 네 개씩 덜어낸다.

④ 이어서 나머지 줄기를 모으는데 하나가 남는 경우, 둘이 남는 경우, 셋이 남는 경우, 넷이 남는 경우가 있다. 그리고 남은 것을 왼손 무명지와 중지 사이에 끼운다.

⑤ 이어서 네 개씩 덜어낸 시초 줄기를 오른손으로 왼쪽에 둔다. 다시 오른쪽의 시초 줄기를 오른손에 들고 왼손으로 네 개씩 덜

어낸다.

⑥ 이어서 나머지 줄기를 모으는 것은 ④와 같다. 그리고 남은 것을 왼손 중지와 검지 사이에 끼운다.

⑦ 이어서 네 개씩 덜어낸 시초 줄기를 오른손으로 오른쪽에 둔다. 그리고 왼손 손가락 사이에 끼워 둔 시초 줄기를 합치는데 네모 틀 위쪽에 금을 그어 표시한 첫 번째 자리에 놓는다.

이상이 첫 번째 변화이다.

⑧ 다시 양손으로 왼쪽과 오른쪽의 시초 줄기를 합친 다음 ①부터 ⑥까지 과정을 첫 번째 변화처럼 반복한다. 그리고 ⑦처럼 왼손 손가락 사이에 끼워 둔 시초 줄기를 합쳐 네모 틀 위쪽에 금을 그어 표시한 두 번째 자리에 놓는다.

이상이 두 번째 변화이다.

⑨ 또 다시 양손으로 왼쪽과 오른쪽의 시초 줄기를 합친 다음 ①부터 ⑥까지 과정을 두 번째 변화처럼 반복한다. 그리고 ⑦처럼 왼손 손가락 사이에 끼워 둔 시초 줄기를 합쳐 네모 틀 위쪽에 금을 그어 표시한 세 번째 자리에 놓는다.

이상이 세 번째 변화이다.

⑩ 세 번의 변화를 마치고 나면 세 번의 변화에서 얻은 시초 줄기의 숫자를 살펴보고 판에 효를 그린다. 이처럼 세 번 변화해야 효

를 완성하고 열여덟 번 변화해야 괘를 완성한다.

(일련번호는 필자가 매겼고 순서를 알기 쉽게 줄을 바꿔 썼다.)

주희는 서의에 잔글씨로 주석을 붙여 두었다. 쭉 이어서 읽으면 어디가 매듭인지 알기 힘들었던 탓이 클 것이다. 주희의 잔글씨 주석을 따라 매듭을 지은 것이 위와 같다. 우선 ①부터 ⑥까지 과정이 중요하다. 주희는 이것을 통틀어 한 번의 변화(一變)라고 부르기도 하고 다시 세분해서 네 번 지음(四營)이라고도 한다. 네 번 짓는 것을 소개하자면 ①이 첫 번째 지음(第一營), ②가 두 번째 지음(第二營), ③이 세 번째 지음의 절반(第三營之半), ④가 네 번째 지음의 절반(第四營之半), ⑤가 세 번째 지음의 절반, ⑥이 네 번째 지음의 절반이라고 한다. ③이 곧 ③-1이고 ⑤가 ③-2, ④가 곧 ④-1이고 ⑥이 ④-2인 셈이다. 좀 복잡해 보이지만 다시 보면 그리 어렵지 않을 것이다.

①에서 첫 번째 변화를 시작할 때는 시초 줄기가 마흔아홉 개였지만, ⑧에서 두 번째 변화를 시작할 때는 ⑦ 이후에 남은 마흔네 개 또는 마흔 개의 시초 줄기를 가지고 시작하게 된다. ⑨에서 세 번째 변화를 시작할 때는 ⑧ 이후에 남은 마흔 개 또는 서른여섯 개 또는 서른두 개의 시초 줄기를 가지고 시작하게 된다.

어쨌든 서의에 따르면 세 번의 변화를 거쳐야 효 하나를 얻을 수 있고 이 과정을 여섯 번 되풀이해야 하나의 괘를 뽑을 수 있다고 한다. 대단히 복잡하고 시간이 많이 걸려 겨우 괘를 하나 얻는 셈이다.

송나라 때 주희의 점서 방법은 당나라 때 공영달에 뿌리를 두고 있다. 이 방법이 과연 고대의 점서 방법과 같은 것인지는 의심할 수밖에 없다. 어쩌면 고대의 점서 방법은 이것보다 훨씬 복잡했는지도 모른다. 전문가 집단이 작법에 의미를 부여하거나 비밀 교의를 전수하기 위해 복잡한 방법을 구사하는 일은 흔하기 때문이다. 동전을 던져서 괘를 짓는 척전법擲錢法 같은 방식은 한나라 때부터 유행했다고 한다. 점서 방법을 간략하게 만든 것이다. 당나라 때나 송나라 때 척전법이 주류였다. 이런 상황에서 공영달이 소개하고 주희가 이은 점서 방법은 고대를 되살리려는 의도가 틀림없이 있었겠지만 그들도 간략화의 시대정신을 따르고 있었을지 모른다.

괘의 모양과 독법

연산이든 귀장이든 주역이든 모두 점서와 상관이 있다. 주역의 점서 방법이든 다른 점서 방법이든 괘를 지은 다음 텍스트의 내용을 글서도 판단하는 방식이었을 것이다. 우리는 점을 치기 위해서이든 아니든 역경 텍스트의 형식과 내용을 알아볼 필요가 있다.

역경 텍스트는 우선 괘 또는 괘상이라 부르는 그림이 가장 원초적인 부분일 것이다. 괘는 현존하는 주역에 모두 64개가 있다. 64개의 그림, 곧 육십사괘는 다시 여섯 개씩 줄, 곧 육효로 구성되어 있다. 효는 음효와 양효, 두 가지 형태이다. 주역은 효를 읽을 때 숫자로 대신해서 읽는 방법을 고안했다. 그래서 음효는 육六, 양효는 구九라고 읽는다.

글을 쓰는 서사법은 여러 가지가 있지만 주역에서 괘의 서사법은 굉장히 독특한 방식이다. 일반적인 서사법이 위에서 아래로 써 내려가는 데 반해, 역경은 아래에서 위로 써 올라가는 방식이기 때문에 특별하다. 하나의 괘는 하나 이상의 사건을 기록한 것이고 사건은 시간에 따라 하나씩 옮겨 간다고 보는 것이 일반적이다. 그래서 괘를 읽을 때 효의 순서를 효율적으로 정해 주기 위해 숫자를 붙여서 부르는 방식을 고안했다. 맨 아래쪽에 있는 첫 번째 효를 부르는 말은 초初이고 이후 이二, 삼三, 사四, 오五라고 숫자 그대로 부르다가 맨 위쪽에 있는 여섯 번째 효를 상上

이라고 읽는다. 초와 상이라고 읽는 것도 독특한데, 아마 음효를 육이라고 부르기 때문에 여섯 번째 효를 육이라 부르지 못하고 상이라고 읽었을 것이다. 첫 번째 효의 이름도 이것과 짝을 맞추기 위해 숫자로 읽지 않았을 가능성이 크다.

괘를 구성하는 효를 부르는 방법을 실습해 보도록 하자. 만약 초구初九라고 읽는다면 이것은 '양효인 첫 번째 효'라는 말이 된다. 그러면 초육初六이라고 읽으면 '음효인 첫 번째 효'라는 말이 될 것이다. 상구上九라고 읽는 경우에는 '양효인 여섯 번째 효'라는 말이 되는데 이것으로 나머지를 미뤄 짐작할 수 있을 것이다. 다음 그림은 괘의 구조를 설명한 예인데 역경의 첫 번째 괘인 건괘와 두 번째 괘인 곤괘를 나란히 비교해 보았다.

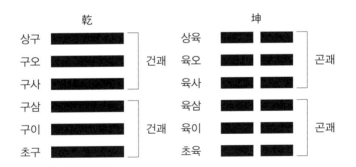

64괘의 순서

하나의 괘는 여섯 개의 효로 구성되어 있고 그것을 어떻게 부르는지 알아보았다. 하나의 괘가 여섯 개의 효로 구성되어 있지만 역경의 기본 단위가 괘라는 점을 다시 상기하자. 효를 따지기 전에 우선 괘에 집중해야 한다. 괘 또는 괘상 다음에는 '말'로 기술한 내용이 이어지는데 이 책에서 집중적으로 다루는 내용이다. 그런데 괘가 기술한 말을 이해하려면 우선 64괘의 개별적인 괘 사이의 관계를 알아야 하는데, 역경의 64개 괘를 그 절반인 32개의 짝으로 이해하는 것이 좋겠다. 현재 우리가 흔히 보는 역경 64괘의 순서에 따른다면 더구나 그러하다.

64괘의 32개 짝은 어떤 원리에 의해 구축된 것인가? '둘씩 짝이되고 뒤집어지지 않으면 변한다(二二相耦, 非覆卽變)'라는 공영달의 말을 주목할 필요가 있다. 서괘전을 설명할 때 그는 이렇게 말했지만, 사실 공영달의 생각은 잡괘전에 뿌리를 두고 있다. 32개 짝의 관계는 위아래가 뒤집혀 있든지 음양이 반대로 구성되어 있는 두 가지 형태이다. 위아래가 뒤집힌 괘의 짝을 종괘綜卦라 하고 음양이 반대로 구성된 괘의 짝을 착괘錯卦라 한다.

역경은 종괘로 순서를 매긴 경우가 대부분이다. 종괘는 모두 28개 짝, 곧 56개의 괘를 포괄한다. 착괘로 순서를 매긴 경우는 도리어 적다. 모두 4개 짝, 곧 8개의 괘이다. 숫자가 적은 쪽을 기억하는 편이 편리하겠다. 역경의 첫 번째 짝인 건괘와 곤괘, 열네 번째 짝인 이괘와 대과괘, 열다섯 번째 짝인 감괘와 이괘, 서른한 번째 짝인 중부괘와 소과괘가 역경 64괘 내에서 착괘이다. 나머지는 자연히 종괘의 관계로 구성된 짝일 것이다. 다음 그림은 기존의 관법에 따라 역경의 착괘를 전부 들어 놓았다.

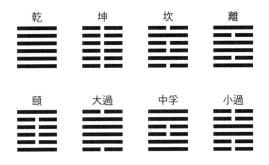

그런데 기존의 관법은 좀 문제가 있어 보인다. 64괘를 종괘와 착괘로 이해할 때 독특한 짝은 역경의 마지막이자 서른두 번째 짝인 기제괘와 미제괘이다. 두 괘의 관계를 기존에는 종괘라고 보았지만 사실 착괘라고 봐도 되는 그림이다. 다음 그림처럼 말이다.

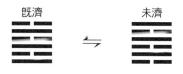

旣濟 　未濟

　그렇다면 현존 역경의 처음 짝과 마지막 짝은 착괘 관계가 성립하는 셈이다. 또한 역경 상경은 30개의 괘, 하경은 34개의 괘를 싣고 있는데 32개씩 딱 자르면 좋았을 것을 이렇게 편집한 것도 종괘와 착괘의 사고방식이 영향을 미친 듯하다. 만약 서른두 번째 짝을 추가한다면 상경의 마지막 두 짝과 하경의 마지막 두 짝은 공교롭게 착괘인 셈이다. 이것을 보면 역경의 괘 배열은 아주 의도적인 것이고 편집자의 세계관을 엿볼 수도 있다. 이제 나는 역경의 착괘가 4개 짝이 아니라 5개 짝이라고 주장하려고 한다. 당연히 마지막 짝인 기제괘와 미제괘를 포함해서 말이다. 그렇다면 종괘의 짝은 28개가 아니라 27개여야 한다. 아마 이것이 역경 편집자의 원래 의도였을 것이다.

　주목해야 할 사례에는 여섯 번째 짝인 태괘와 비괘도 있다. 두 괘의 관계를 기존의 관법은 종괘라고 보았지만 착괘라 보아도 무방한 그림이기 때문이다. 기존과 달리 생각해 보았다. 역경 편집자가 상경과 하경의 마지막 두 짝을 정치하게 교합시켜 역경의 구조를 완성했다면 첫 번째 짝이 외톨이로 남아 다른 짝이 없다는 문제가 생긴다. 그런데 마침 팔괘의 괘상으로 보면 건괘와 곤괘를 품고 있으면서 서로 착괘라고 볼 수 있는 괘의 짝이 태괘와 비괘, 여섯 번째 짝이다. 역경 편집자가 역경의 데칼코마니랄지, 정합성을 가진 구조를 염두에 두고 있을지 모른다는 가정이 성립한다면 첫 번째 짝은 여섯 번째 짝에 대응할 수도 있을 것이다. 이런 가정이 성립한다면 착괘의 짝은 어쩌면 6개로 늘어나겠지만 여기서는 일단 5개 짝으로 유보하겠다.

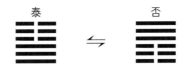

태괘와 비괘의 짝을 유보할 수밖에 없는 것은 아홉 번째 짝인 수괘와 고괘의 구조 때문이다. 기존의 관법은 수괘와 고괘를 종괘라고 하지만 착괘라고 봐도 문제가 없기 때문이다. 다음 그림을 보라.

만약 수괘와 고괘를 착괘라고 한다면 이것을 검증하는 것은 다른 착괘 짜까 미긴기지로 괘사나 효사의 비교에 따라야 할 것이다. 그러나 여섯 번째 짝이 착괘일지도 모른다는 유보적 태도와 달리 괘사나 효사를 비교해 보면 수괘와 고괘의 짝은 종괘일 가능성이 확실히 더 크다. 그래서 현존 역경에서 착괘일 가능성이 있는 마지막이자 일곱 번째 짝도 유보해야만 하고 역시 5개 짝으로 확정할까 한다.

기존의 관법이 정한 종괘와 착괘의 분류가 절대적인 것은 물론 아니다. 그래서 어떤 사람은 역경의 괘를 온통 착괘로만 이해하는 것도 가능하다고 말한다. 그렇게 생각할 수도 있지만 우리는 현존 역경에 있는 그대로 괘의 순서를 생각하는 것이 좋겠다. 모든 사물은 드러나는 것의 반대쪽인 드러나지 않는 측면을 본디 품고 있다는 생각이 착괘의 사고방식이다. 명말청초 사람인 왕부지王夫之가 바로 그렇게 생각했다. 그러나 이것은 괘의 순서를 해체할 때 가능한 것임을 명심해야 할 것이다.

64괘를 32개 짝으로 구성한 역경의 배열 방식도 아주 유별난 것은 아닌 듯하다. 역경이 성립하는 시기에 이런 방식은 대단히 일반적이지 않았나 하는 생각이 든다. 예를 들자면, 한나라 때 사람 유희劉熙는 석명釋名이라는 사전을 지었는데 배열 방식이 동의어와 반의어를 적절히 짝지은 것이다. 석명 같은 사전의 예를 보면 이질적인 구성 방식을 틈틈이 구사해서 편집하는 일은 한나라 이전부터 유행하고 있었던 것이라고 생각한다. 현존 역경 64괘의 순서도 여기서 벗어나지 않을 것이다.

1973년 중국 후난성 창사시 마왕뚜이에서 한나라 초기 무덤이 발굴된 적이 있다. 여기서 많은 고대 문헌이 출토되었는데 역경과 주역 관련 문헌들도 많이 나왔다. 마왕뚜이 역경의 64괘 배열 방식은 현존 역경의 그것과 순서가 달라서 주목을 받았다. 어떤 사람은 마왕뚜이 역경의 배열 방식이 원래 순서이고 현존 역경의 순서가 나중에 나타난 것이라고 생각하기도 했다. 하지만 씨줄과 날줄에 각각 팔괘를 늘어놓고 그 좌표에 가로세로의 팔괘가 결합한 형태인 마왕뚜이 64괘의 배열 방식은 역경의 괘사나 효사와 대조할 때 이해를 곤란하게 만드는 단점이 생길 뿐이다. 마왕뚜이의 배열 방식을 옹호하는 사람은 아직 역경의 진수를 파악하지 못하고 괘상의 모양을 외우기에 급급한 초보적인 수준에 머문다. 마왕뚜이 64괘의 배열 방식은 현존 역경의 64괘 순서가 오히려 이치에 맞는다는 점을 증명할 뿐이다.

괘사와 효사의 성질

지금까지 역경의 괘에서 원초적 부분이라고 할 수 있는 괘의 그림, 곧 괘상을 이야기했다. 이제 괘를 구성하는 요소 가운데 주가 되는 괘사와 효사의 성질에 대해 이야기할 때가 되었다. 원래 64괘는 여섯 줄이 한 단위인 64개의 그림일 뿐이라고 앞서 지적했다. 그림에 말이 붙게 된 것은 나중 일이다. 앞서 이야기한 교재 내지 참고서의 성격이 큰 탓일 것이다. 이런 말을 '사'라고 부르고 괘사와 효사 두 가지가 있다는 것도 이야기했다. 괘가 64개이기 때문에 괘사는 64개이고 괘 하나가 6개의 효로 구성되기 때문에 효사는 384개이며 역경의 첫 번째 괘인 건괘에는 용구, 두 번째 괘인 곤괘에 용육이라는 효사가 하나씩 더 있다는 것도 말했다. 그래서 우리가 앞으로 살펴볼 괘사와 효사의 총수는 450개인 셈이다.

괘사와 효사가 주나라 창업자인 문왕과 주공 부자의 합작품이라는 전설이 있다. 그러나 앞서 말한 것처럼 괘사와 효사는 주나라 창업 이전부터 창업 이후까지 서관이 얻은 데이터 가운데 가려서 편집한 것이라 보는 것이 정확할 것이다.

괘사는 괘명卦名, 곧 괘의 이름을 먼저 기록하고 이에 따르는 점사를 나중에 기록하는 형태로 구성되어 있다. 괘사의 형성 연대가 분명치 않은 것처럼 괘명이 언제 생긴 것인지는 명확히 알 수 없다. 괘명이 뒤에 따르는 점사와 동떨어진 것인지 연결되는 것인지도 해석자에 따라 의견이 갈린다. 하지만 괘명은 괘사를 결정할 때 필연적이지 않은 독립된 요소이며 호명 내지 목록으로 보는 것이 정확할 것이다. 점사와 의미 연관성이 강한 괘명도 있지만 그렇지 않은 경우가 더 많이 나타나기 때문이다. 효사에서 괘명과 비슷한 표현 방식이 겹치는 경우는 64괘 가운데 12개 괘에서 나타날 뿐이라는 점을 유념하라.

효사에는 초구, 상육처럼 효의 자리를 지정하는 말이 가장 먼저 나온다. 여섯 개의 효는 두 가지 형태의 줄로 표현하기 마련인데 음효를 육, 양효를 구라고 지칭한다는 것은 앞서 말했다. 그리고 자리에 따라 초, 이, 삼, 사, 오, 상이라고 부른다는 것도 앞서 말했다. 괘사처럼 효사도 상당히 긴 기간 동안 형성된 것이리라. 효사를 지칭하는 말도 언제 생긴 것인지는 명확히 알 수 없고 효사와 관련해서 필연적이지 않은 요소이다. 따라서 한나라 이후 역학에서 굳이 효의 자리와 효사를 연결시켜 이해하려는 방식이 꼭 맞는 것은 아니다.

괘사처럼 효사도 서관의 데이터에서 가려 뽑은 것이리라고 추측한다. 그런데 효사의 원형에 대한 이견도 있어 소개해 둘까 한다. 일본 동양학, 그중에서도 교토학파의 시조라고 할 수 있는 나이토 도라지로內藤虎次郎는 20세기 초반까지도 점술가들이 점칠 때 사용하는 제비가 효사의 원래 모양이라 생각했다. 여기서 제비는 새가 아니라 가늘고 긴 대나무 조각이나 나무 막대기에 문자나 부호를 미리 써 두고 필요할 때 산통에서 뽑아 길흉을 판단하는 도구를 가리킨다. 제비에는 각각의 괘에 대응하는 점사가 있고 점사는 네다섯 종류로 세분되어 있는데 점술가는 제비를 뽑은 다음 거기 적힌 말을 근거로 길흉을 판단하는 것이다.

다케우치 요시오武內義雄도 나중에 나이토의 주장을 확장했으나 비슷하게 설명한 적이 있다. 다케우치는 효사의 기원을 설명하면서 다섯 개가 한 세트인 옛날 자료가 있었고 이것을 복경卜經이라고 부른 것은 아닐까 상상했다. 지금은 소실돼서 복경의 내용은 잘 모르지만 아마 귀복을 분류한 다음, 색깔 등으로 다시 세분하고 점괘를 적은 말(이것은 繇 또는 頌이라고 부른다)을 표시한 것이 아닐까 상상했다.

나이토나 다케우치의 흥미로운 주장은 사실 반박할 만한 구석이 많다. 그들이 역경의 효사를 기성의 것으로 생각하는 점이 치명적인데, 오랜 세월을 거친 괘사나 효사의 형성사를 두 사람의 설명은 거의 해결하지 못하고 있기 때문이다. 그들의 주장을 이해 못 할 것은 아니다. 효의 자리를 숫자로 표기하는 방식은 제비뽑기나 복경까지 포함하는 후세의 점법을 떠올리게 하기 충분하기 때문이다. 하지만 괘명이 그런 것처럼, 효의 자리를 표시하는 말은 역경의 형성 초기에 이미 있었다기보다 나중에 편의상 붙였을 가능성이 큰, 비본질적인 요소라는 점을 생각하면 나이토나 다케우치의 주장은 본말이 전도된 설명이라고 판단하겠다.

효사도 괘사와 마찬가지로 점사이기 때문에 괘사와 효사를 동일한 것으로 생각하는 경우가 많다. 그러나 괘사가 괘 전체를 해석하는 말이고 효사가 괘의 일부에 대한 해석이기 때문에 둘을 나눠서 보는 것이 적절한 태도일 것이다. 어쨌든 괘사나 효사 가운데 갑골문을 떠올리게 할 정도로 오래된 문장 형태를 보이는 것도 있고 갑골문보다 나중에 성립한 시경을 떠올리게 하는 운문도 공존하는 형편인 것은 잘 기억하고 있어야 한다. 어떤 사람은 괘사와 효사에서 운문이 삼분의 일이나 된다고 주장하는데, 비유나 기흥 등을 자주 구사하는 시경에서 시의 창작 방법과 어떤 관련성을 짐작하게 하지만 고대의 기억이기도 하다는 점도 간과해서는 안 된다.

다음은 역경 읽기의 요체를 언급한 리징츠의 말이다. 내용이

함축적이고 좋아서 일단 옮겨 본다.

현대인의 (주역) 연구는 주역을 조직한 체례를 모르기 때문에 (주역) 전체를 통틀어 보지 못한다. 전체적인 뜻을 고려하지 않은 채 (주역의) 문장과 단락을 마구잡이로 인용하거나 뜻도 확실히 이해하지 못하면서 글자만 보고 대충 해석하고 마는 흠이 보편적으로 존재한다. 그래서 해설해도 무슨 뜻인지 알 수 없거나 앞뒤가 모순되는 경우가 생기고 심지어 제멋대로 원문을 고치는 경우도 생긴다. (나는) 이런 태도는 취하지 않았다. 상당히 많은 저술이 역전을 맹목적으로 따르고 심지어 역경과 역전을 뒤섞어 읽으며 마르크스-레닌주의의 문장을 덧붙인 것은 더구나 심각한 문제이다. 자기에게 유리하게 만들고자 이치에도 맞지 않는 말을 억지로 끌어 붙이기 때문이다. … 그래서 역경을 연구할 때 먼저 역경과 역전을 나눌 필요가 있다. 둘은 다른 시대의 작품이기 때문에 뒤섞어 읽으면 안 된다. … 주역의 원 자료는 서점을 쳐서 얻은 점사이다. 특정한 사안에 대해 각각 점친 것이기 때문에 본래 (점사는) 각각 고립되어 있고 연결된 것이 아니다. (역경) 편집자가 편집한 다음 (역경은) 비로소 체계적인 책이 되었다. 그러나 이런 체계가 한나라 때 효위설爻位說은 아니다. … 점서의 참고서라는 (역경의) 이런 특징을 이해하지 못하고 주역을 읽으면 갈피를 잡지 못하고 옛날 주석을 따르게 되며 뜻도 확실히 이해하지 못하면서 괘명만 보고 대충 해석하고 말게 된다.

(괄호 안의 말은 이해를 돕기 위해 필자가 추가한 것이다.)

리징츠는 짤막한 인용문에서 견강부회, 단장취의, 망문생의라는 비난을 거푸 반복하고 있다. 얼마나 지독한 비난인지 학자라면 안다. 비난의 핵심은 단장취의에 있다는 것이 내 생각이다. 단장취의의 단장, 곧 과거의 장구학章句學이 주로 했던 작업은 어디까지 한 문장이고 어디까지 한 단락인지 결정하는 일이다. 이것은 단순히 문법을 다루는 일이 아니다. 학문 전체를 오롯이 쏟아부을 때 가능한 것이다. 역경을 읽으면서, 특히 주역에 열중했던 송학의 해석을 읽을 때 한숨 쉬지 않은 문장이 별로 없었다. 그래서 나는 송학의 역경 해석을 '라면 학파'라고 혼자 명명하게 되었다. 통일적인 하나의 괘사, 하나의 효사라는 생각에 사로잡혀 별개의 점사 여러 개가 그저 하나의 괘나 효에 모여 있을 뿐이라는 점도 모른 채 앞뒤 문장을 잇기에 급급한 나머지, 분명히 서로 독립한 문장인 것을 '~라면'이라는 조건을 표시하는 말로 이어 놓은 것이 부지기수인 탓이다. 이 책의 3장과 4장에서 보게 될 테지만 나는 '라면 학파'가 아니다. 엄격한 장구에 따라 독립된 점사를 독립한 대로, 연결된 점사를 연결된 대로 이해하고 풀이하는 것이 괘사와 효사 이해의 핵심이라는 점을 밝혀 둔다.

역전을 내외로 나눠서 봐야만 한다

지금까지 역경의 성격과 형식을 대략적이나마 설명했다. 앞서 말한 것처럼 이 책은 현존 주역에서 역경 부분만 독해하고 해설하려는 의도를 가지고 쓴 것이다. 전체적 이해를 위해 역전까지 알아야 하지 않겠느냐 생각하는 사람이 있을 수 있다. 역전도 역경을 새롭게 읽은, 일리 있는 해석이고 현재까지도 영향력이 크다. 사족이지만 역전의 성격과 형식도 간단하게 언급하려는 이유이다.

현존 주역에 수록된 역전은 모두 일곱 가지이다. 단전, 상전, 문언전, 계사전, 설괘전, 서괘전, 잡괘전이 그것이다. 원래 이름은 그저 단, 상, 문언, 계사, 설괘, 서괘, 잡괘였을 테고 '전'이라는 말이 나중에 붙었을 것이다. 앞서 말한 것처럼 이들을 묶은 '십익'이라는 말은 일곱 가지 역전 가운데 내용이 긴 일부 역전을 상편과 하편으로 구분한 것까지 낱낱이 헤아려 갖은 수로 말한 한나라 사람들이 지은 것일 뿐이다. 역전의 지은이가 공자라는 말이 창작 당시부터 떠돌고 있었지만 소문은 소문일 뿐이다. 그래도 우리는 역전의 지은이가 공자는 아닐지라도 공자의 후계자들이라는 점은 수긍할 수 있다.

역경은 교재 내지 참고서로 편집된 것이다. 그것은 예의 일종이며 도맡은 직관이 있었을 테지만 예악제도가 붕괴된 전국시대에 소위 제자백가가 등장하면서 큰 변화를 겪게 된다. 직관이 담당한 고대의 학들이 전승된 과정을 아는 사람은 고대의 학이 문자 전통이 아닌 구술 전통에 입각해 있다는 것을 알 것이다. 그런데 전국시대에 제자백가가 등장하면서 제 나름 견해를 피력하는 방식으로 전환했고 문자 전통으로 넘어가게 된다. 역전도 경쟁하는 여러 학파가 활동한 전국시대의 총체적 변화 속에서 탄생한 것이다.

현존 주역의 역전은 일곱 가지이지만 원래 역전은 일곱 가지에 그치지 않는다. 전국시대에 창작된 역전 가운데 한나라 무렵이 되어서야 정전의 지위를 획득한 것이 일곱 가지일 뿐이다. 좀 더 세밀하게 나누자면 단전, 상전, 문언전은 전국시대부터 한나라 때까지 정전의 지위를 획득했고 나머지 네 가지 역전은 아직 정전이 아닌 불안정한 상태였지만 말이다. 이것은 주역 책만 한 번 펼쳐 봐도 단박에 알 수 있는 사실이다. 왕필王弼은 왜 역경과 세 가지 역전에만 주를 달고 계사전 이하는 그러지 않았던가? 정이程頤는 왜 왕필과 똑같은 범위만 선택했던가? 정전이냐 아니냐의 구분은 이것에 대한 해답이다.

나는 한중수교가 이뤄지자마자 중국 베이징 소재 칭화대학에서 석사과정을 밟기 시작했고 마왕뚜이 백서 역전을 연구했다. 마왕뚜이 백서 역전은 현존 주역의 역전 형성사에 중요한 문헌이고 일부 내용이 현존 주역의 역전에 녹아들었어도 여전히 다른 완결적 문헌이다. 이것의 형성사적 지위는 결코 현존 역전에 뒤지지 않는다. 현존 주역의 역전도 내전과 외전의 체계로 구성되어 있다는 것을 마왕뚜이 역전에서 착안할 수 있다. 정전의 성립 과정에 들어간 모든 문헌은 내외의 구분이 생기게 마련이니까 말이다.

현존 주역의 역전에도 내전과 외전 두 가지가 함께 편집되어 있다고 말하겠다. 역전의 내전은 역경 속에 조각조각 해체되고 녹아들어 역경과 한 덩어리처럼 편집된 단전, 상전, 문언전이고 외전은 역경의 체제와 상관없이 뒤쪽에 따로 편집된 계사전, 설괘전, 서괘전, 잡괘전이다. 이들 일곱 가지 역전 모두는 원래 역경과 별개의 문헌들이었는데 말이다. 그래서 역전을 역경과 독

립시켜 읽는 독법은 정당하다. 나는 현존 주역의 역전 가운데 단
전, 상전, 문언전을 '내전 그룹'이라 부르고 계사전, 설괘전, 서괘
전, 잡괘전을 '외전 그룹'이라고 부르며 이들을 각각 설명하려고
한다.

내전 그룹

현존 주역에서 내전 그룹에 속하는 역전은 단전, 상전, 문언전
세 가지이다. 20세기 초반의 의고학파는 역전이 형성된 시기가
대부분 한나라 초기일 것이라고 보았다. 하지만 꼭 한나라 초기
라기보다 전국시대에 독립 저술로 이미 존재하던 내전 그룹의
역전이 역경과 하나가 되는 시점이 한나라 초기라고 하는 쪽이
타당하겠다. 내전 그룹의 역전은 다른 역전들처럼 공자의 후계
자들이 지었을 것이다. 이제 하나씩 소개해 보도록 하겠다.

단전은 64괘를 각각 종합적으로 풀이하는데, 주로 괘의 이름,
괘사, 괘의 의미를 풀이하고 있다. 훈고의 형태로 괘의 이름을
풀이하는 경우가 많아 시대가 그리 오래되지는 않았을 것이라고
의심할 수 있다. 그러나 내전이든 외전이든 역전들 가운데 단연
오래된 부분이라고 할 수 있을 것이다.

단전은 역경의 틀에 맞춰 조각조각 해체되었기 때문에 상편과 아연으로 나뉜다. 단이 무슨 의미인지에 대해 말들이 많았다. 그중 비교적 널리 받아들여지는 의견은 단 자가 단斷 자의 통가라는 생각이다. 결단한다, 곧 점친 결과를 판단한다는 뜻이라고 보는 것이다. 그러나 계사전에서 단을 효와 대조적으로 설명하는 부분을 보면, 괘사를 단이라 부른 듯하다. 왜 이렇게 불렀는지 이유는 정확히 알 수 없다.

단전은 독립적으로 읽는 것보다 상전과 대조해 가며 읽는 편이 낫다. 상전 가운데 특히 대상전과 비슷하기 때문이다. 그들은 아마도 비슷한 시기에 비슷한 집단이 창작한 것일 가능성이 크기 때문인데, 문장 형식도 비슷하거니와 운자를 자주 사용하는 점도 둘 다 일치한다. 그래도 둘은 분명 차이가 있다. 괘사와 효사를 설명하는 태도가 다르다는 점이 가장 클 것이다.

단전은 무엇보다 강유剛柔라는 술어를 사용하는 것이 특징이다. 음양이라 하지 않고 강유라는 말을 사용한 것은 인사에 치중하는 의미가 있을 것이다. 또한 중정中正을 높이 치는 태도가 눈에 띈다. 강유가 전제되어야만 중정이 가능해지기 때문에 역시 인사에 치중하는 의미를 보여 주는 것일 테다. 단전은 주로 괘전체를 다루지만 효사도 포괄해서 언급한다. 효사 사이의 관계를 설명할 때 단전은 응應, 비比, 승承, 승乘이라는 술어를 사용한다. 이것도 중정을 가장 핵심 원리로 이해하기 때문일 것이다. 응, 비, 승, 승에 대해 간단하게 설명하자면 다음과 같다.

응, 비, 승, 승은 괘가 아니라 효 사이의 관계를 설명하는 말이다. 응은 아래쪽에 있는 팔괘의 세 효가 위쪽에 있는 팔괘의 세 효와 음양이 짝지은 상태를 표현하는 말이다. 초효와 사효, 이효와 오효, 삼효와 상효가 상응한다고 보는데 둘 사이에 한쪽 효가 양효이고 다른 효가 음효이면 둘은 '상응하는' 관계이고 따라서 응이라고 부른다. 비는 나란히 붙어 있는 효 사이의 관계를 가리키고 친비親比, 승, 승 세 가지가 있다. 따라서 응, 비, 승, 승이라는 술어를 사용하기는 하지만 효의 관계는 크게 응과 비, 두 범주로 나눌 수 있다. 비에 종속된 것이 친비, 승, 승 세 가지이다. 친비는 음효와 음효, 양효와 양효가 붙어 있는 관계를 가리킨다. 친비는 사이가 좋다는 뜻이다. 승은 붙어 있는 효가 음효와 양효인데 음효가 밑에 있고 양효가 위에 있는 상태를 가리킨다. 음이 양을 순순히 받아들이는 모양인데 자연스러운 관계라고 단전은 이해하기 때문에 좋다고 본다. 승은 앞의 승과 반대의 모양인 경우이다. 자연스럽지 않은 관계라고 이해하기 때문에 좋지 않다고 본다.

상전은 단전과 마찬가지로 괘를 낱낱이 설명하는 역전이다. 난선이 괘의 의미에 천착하는 데 비해, 상전은 괘의 구조, 곧 괘상을 가장 중요한 것으로 본다. 상전도 단전처럼 역경의 틀에 맞춰 상편과 하편으로 나뉘지만 대상전과 소상전의 구분이 더 중요하다. 대상전은 괘상을 풀이하는 데 집중하고 있고 소상전은 효사를 풀이하는 데 집중한다. 현존 주역의 편집 체례에서도 대상전은 단전 다음에 이어서 나오고 소상전은 각각 효사 다음에 편집되어 있다. 상전을 창작한 사람들은 어쩌면 단전의 부족한 점을 보완하기 위해 역경의 체제를 충실히 따르며 더 상세하게 풀이하려 한 것일 수도 있다.

단전도 정치와 윤리 등 행위의 원칙이나 수양 등을 주로 언급한 유가의 역전인데, 대상전은 이보다 유교의 특징이 두드러진다. 상전의 창작자들은 이런 방향이 단전의 단점을 보완하는 것이라고 생각했던 것 같다. 대상전은 64괘 각각을 8괘의 괘상으로 환원시켜 설명하는데 설괘전과 관련이 있을 듯하다. 그리고 봉건적 윤리를 노골적으로 드러내는 상전의 내용은 유교를 떠난 입장에서 본다면 무리한 구석도 제법 많다.

무리하다 싶은 대상전도 소상전에 비하면 완성도가 높다고 평가할 수 있다. 소상전은 아마 대상전과 별개로 창작한 듯하고 상전이라는 이름을 공유하는 바람에 합쳐졌을 가능성도 있다. 소상전은 효위설爻位說에 입각한 것이 가장 큰 특징이다. 여섯 개의 효에서 오효를 임금의 자리, 아래쪽 나머지 네 효를 신하의 자리라고 보는 방식은 대상전처럼 유교가 성립한 사정을 보여 준다.

문언전은 단전이나 상전과 달리 64괘 가운데 첫 번째 건괘와 두 번째 곤괘만 풀이한 역전이다. 단전이나 상전처럼 건괘와 곤괘의 괘사, 효사, 괘의 의미를 자세히 서술하지만 별개의 장편 논문이라고 보는 편이 정확할 것이다. 형이상학적 내용은 외전 그룹의 계사전과 관계가 깊은데 왜 내전 그룹에 속하게 되었는지는 의문이다. 어쩌면 문언전을 창작한 사람들이 현존 주역의 편집에 주축이었기 때문은 아닐까 생각해 본다.

외전 그룹

현존 주역에서 외전 그룹에 속하는 역전은 계사전, 설괘전, 서괘전, 잡괘전 네 가지이다. 외전 그룹을 창작한 시기는 아마 내전 그룹이 형성된 시기의 끄트머리와 겹치거나 조금 나중일 것이다. 내전 그룹에 속하는 문언전의 성격이 외전 그룹의 계사전과 유사하기 때문에 형성 시기가 겹칠 수도 있다는 것이다. 어쩌면 계사전은 내전 그룹에 속할지도 모르지만 왕필 등의 생각에 따라 유추하면 계사전이 외전 그룹의 시작일 것이다. 외전 그룹의 역전도 내전 그룹과 마찬가지로 공자의 후계자들이 지었으리라고 추정할 수 있다. 이제 하나씩 소개해 보도록 하겠다.

계사전은 상편과 하편으로 나뉘는 장편 논문이다. 역경의 편집 체계와 상관없이 분량 문제 때문에 상하로 갈랐을 가능성이 크다. 앞서 언급한 것처럼 주역에 철학의 지위를 부여할 수 있게 된 것도 계사전의 형이상학 때문이다. 계사전은 많은 숫자의 문단으로 구성되어 있고 문단 사이의 논리적 연결이 강한 부분과 약한 부분이 혼재하고 있다. 계사전은 이치를 강조하지만 역경이 점치는 책이라는 점을 늘 염두에 두고 있다. 그래서 점과 이치의 긴장이 계사전 전체에 서려 있다. 계사전을 점의 입장에서 일관되게 다룬 진징팡金景芳 선생의 주장이 돋보인다. 일단 그의 책을 읽어 보는 것이 계사전을 바르게 이해하는 지름길일 것이다.

적어도 한나라 때부터 기타 역전에 대한 계사전의 우월한 지위를 대부분 받아들이게 된다. 그래서 계사전을 대전大傳, 곧 가장 중요한 역전이라고 부르게 되었다. 오늘날도 이런 생각은 일반적이라서 계사전을 '역학 개론'이라 지칭하는 사람도 있는 지경이다. 그러나 역경이 주역의 줄기라는 생각을 받아들인다면 주역을 읽을 때 계사전보다 역경을 먼저 읽는 것이 좋다. 계사전이 분명 역경 해석이나 음양의 세계관이라는 점에서 뛰어난 논문이기는 하지만 역경의 진면목을 가릴 가능성이 있기 때문이다.

설괘전은 그리 길지 않은 분량의 단편 논문이다. 어떤 사람은 설괘전이 한나라 초기에 형성되었고 주역을 전승한 학파 가운데 팔괘의 구조와 특징에 집중한 사람이 창작한 것이 아닐까 주장한다. 설괘전에서 가장 중요한 생각은 팔괘설이기 때문이다. 64괘를 각각 독립된 단위로 보지 않고 팔괘가 기본 단위이며 64괘는 팔괘의 조합에 불과하다는 생각이 팔괘설이다. 그래서 설괘전의 생각 탓에 팔괘를 경괘經卦, 곧 불변의 괘라고 부르고 64괘를 별괘別卦, 곧 개별적인 괘라고 부르게 되었다. 앞서 언급한 마왕뚜이 64괘의 순서가 보여 주는 사고방식도 설괘전과 멀지 않다. 설괘전은 분명 점서의 기초 이론을 해설하고 있기 때문에 계사전과 비슷한 부분이 있더라도 점서라는 점에 착안해서 읽어야 한다.

서괘전은 64괘의 순서를 설명한 아주 짧은 논문이다. 내전 그룹은 말할 것도 없고 외전 그룹의 계사전이나 설괘전과 달리 서괘전은 오직 괘명만 다룬다. 순서를 설명하는 방식은 훈고라고 볼 수 있는데, 동의어나 반의어를 포착하여 64괘가 서로 어떻게 이어지는지 설명한다. 원숭이 똥구멍은 빨개, 빨가면 사과 … 처럼 이어지는 말은 지나친 합리화의 산물이다.

잡괘전도 서괘전처럼 아주 짧은 논문이지만 아주 심오한 생각이 깃들어 있다. 바로 괘의 짝짓기에 대한 생각이다. 잡괘전은 64괘를 정말 간단하게 설명한다. 얼핏 보면 서괘전처럼 64괘의 순서를 설명하는 것처럼 보인다. 그러나 서괘전이 현존 주역의 순서와 정확히 일치하는 데 반해 잡괘전에서 괘의 순서는 다르다. 두 괘씩 짝을 이뤄 32개 짝을 구분하고 짝을 이룬 괘가 서로 반대의 의미를 가지고 있다는 점을 설명한다. 여기서 나중에 착괘나 종괘라고 부르게 될 원리가 나왔다고 할 수 있다.

2장

일부 용어에 대한 설명

이상 우리가 읽고자 하는 주역, 특히 역경에 초점을 맞춰 얼개를 소개했다. 2장에서 3장과 4장의 본문을 읽기 위해 꼭 필요한 용어를 몇 가지만 설명해 볼까 한다. 이 책은 물론 사전이 아니기 때문에 기존의 주역사전처럼 많은 용어를 일일이 언급하지는 않았다. 크게 세 가지 용어를 소개할 텐데, 괘가 첫 번째요 점사가 두 번째요 통가가 세 번째이다.

괘

역경 내지 주역의 전부라고 해도 좋은 것이 괘이다. 괘의 뜻이 무엇인지는 많은 주장이 있다. 그래도 1장에서 말한 것처럼 '표현'이나 '게시'라는 뜻이라고 보는 것이 일반적이고 타당할 것이다. 역경의 괘는 다른 문헌의 편이나 장에 해당하기 때문에 역경에는 모두 64개의 장이 있는 셈이다.

64괘 각각은 괘획卦劃, 괘명, 괘사, 효사 네 부분으로 구성되어 있다. 괘획은 음효와 양효로 구성된 그림을 가리킨다. 어떤 특정한 괘획을 가리켜 괘라고만 부르는 것을 보면 괘획이 원초적 형태이리라고 추정할 수 있다. 괘명 이하는 원래 없었을 것이고 그저 괘획만 있었을 것이다. 괘획은 그림 형태라서 달리 설명할 것이 없다. 이제 괘명, 괘사, 효사에 대해 설명해 보자.

괘명은 말 그대로 괘의 이름을 가리킨다. 역경에 64개의 괘가 있기 때문에 괘의 이름도 모두 64개이다. 현존 주역에서 괘명의 위치는 괘획 바로 뒤, 괘사 바로 앞에 나온다. 괘명은 한 글자인 경우가 대부분이지만 두 글자인 경우도 있다. 어떤 괘는 괘명과 이어지는 괘사의 첫 낱말이 동일해서 생략된 경우도 있다. 고대 중국의 문장 쓰는 방법을 생각하면 이런 현상이 발생한 원인을 알 수 있다. 아마도 '〃' 같은 기호가 본래 있었는데 훗날 필사자가 옮겨 적으면서 탈락시킨 것으로 생각할 수 있다.

괘명의 기원에 대해 많은 주장이 있었지만 출토 문헌 등을 검

토해 보면 괘명도 신성기원설을 따를 수는 없을 것이다. 아마 괘획이 일상의 부호이고 무르기 쉽지 않기 때문에 괘사와 효사를 근거로 괘명을 만들게 되었을 것이다. 그래도 괘명을 어떤 괘의 전체 구도를 축약해서 보여 주는 낱말로 생각할 수는 있다. 하지만 얕은 문자 지식에 의존해서 괘명의 특정한 의미만 취하는 경우를 자주 보게 된다. 특히 역전의 주장에 의존해서 괘명을 이해하려는 시도는 많은 문제를 낳게 된다. 예를 들어 건괘의 괘명인 건을 하늘, 곤괘의 괘명인 곤을 땅으로만 이해하는 방식은 문제가 많다. 괘명을 도식적으로 취해 괘 전체를 설명하려는 시도는 앞으로 지양해야 할 것이다.

괘명은 괘사나 효사의 범위에 속한다. 괘획만 그림이고 나머지는 말의 영역에 속하기 때문이다. 괘명은 상당히 임의적이라고 할 수 있는 것도 말의 영역에 속하기 때문이다. 괘명은 괘 전체의 내용을 총괄해서 붙인 경우도 있지만 괘사나 효사에 많이 나타난 낱말을 골라 귀납해서 붙인 경우도 있으며 총괄과 귀납, 두 가지를 겸하는 경우도 있다.

괘사는 64괘 가운데 하나의 괘 전체의 형태, 곧 괘상을 해석하는 말이다. 괘상은 다음에 설명하기로 하자. 우선 괘가 64개이니 괘사도 당연히 64개일 것은 뻔하다. 괘사 앞에 있는 괘명도 괘획의 의미를 표현하지만 괘명만 가지고 괘획을 풀이하는 것은 한계가 있었을 테고 그래서 긴 문장 형태의 괘사를 붙였을 것이다. 오늘날 독자가 괘사를 어려워하는 이유는 교재 내지 참고서로 편집했기 때문이다. 편집 당시에는 이 정도면 의미를 매우 확실하게 이해할 수 있었을 것이다. 괘사가 난해하다고 느껴졌을 때 등장한 것이 단전이나 상전 같은 역전이다.

효사는 괘를 구성하는 여섯 개의 효를 각각 해석한 말이다. 이 책 20쪽에서 설명한 386개의 효사는 괘사의 확장판이라고 볼 수 있다. 효사의 문장 형태가 괘사와 비슷한 구석이 많은 것을 보아도 알 수 있는 것이다. 효사에는 효를 규정하는 말, 예를 들어 초구라든지 상육 같은 말이 붙어 있다. 이렇게 효사를 읽는 방법을 고안한 것은 한나라 때 사람들일 것이라 짐작한다. 괘사가 난해하다 느낄 때 단전이나 상전(대상전)이 등장했듯, 효사가 난해하다 느낄 때 상전(소상전)이 생겼을 것이다.

이 밖에 괘와 관련된 용어가 몇 가지 있는데 간단하게 소개해 보겠다.

① 괘상은 괘에 의해 표현된 이야기를 가리키는 용어이다. 이것은 송학의 주장이라서 이 책을 읽을 때는 참고만 하면 되겠다. 괘상은 괘명과 일치하는 경우도 있지만 괘사나 효사에 나타난

몇몇 낱말인 경우도 있다. 괘상과 비슷한 개념이 물상物象, 곧 사물의 이미지라는 것이다. 예를 들어 건괘에 나오는 용이나 곤괘에 나오는 말 같은 동물은 건괘와 곤괘를 파악하는 기본적인 물상이지만 건괘의 잠潛, 현見, 비飛, 항亢이나 곤괘의 이履, 견堅 등도 물상이라고 부른다. 구체적 이미지뿐 아니라 속성이나 작용까지 포함하는 넓은 개념이 물상이다. 이것도 참고만 하면 되겠다.

② 괘의卦義는 괘명의 특정한 의미를 가리키는 용어이다. 괘명은 표면적인 것일 뿐이고 드러나지 않은 심층에 있는 의미라는 생각에서 나온 개념이다. 하지만 괘의라는 개념을 설정하자면 괘명이 표현하고자 하는 의미가 단일하다는 전제가 있어야 하는데 이것은 의문이다. 이제 괘의의 이해 방식은 달라져야 한다. 이 책에는 특정 괘에 표제를 달아 두었는데 이것이 전통적 의미에서 괘의에 해당한다. 편의를 위한 장치이지 어떤 심층적 의미도 담고 있지 않다. 더구나 괘의는 사람마다 다르게 파악할 수도 있다. 그러나 편집자의 원의에 가장 근접한 괘의를 찾는 일은 가능할 것이다. 이 책에서 각 괘의 표제로 삼은 말들은 잠정적으로 각 괘의 본의에 가장 근접한 것이라고 생각할 수 있다.

③ 괘덕卦德은 괘의와 비슷한 개념이다. 형이상학적 성격을 더 강화해서 생각하는 용어이다. 도덕적 교훈을 생각하는 송학은

자주 사용한다. 이 책에서는 괘덕을 고려하지 않는다.

점사

점사는 점친 말이라는 뜻이다. 현존 역경의 괘사와 효사가 이에 해당한다. 1장에서 갑골 복사를 설명하면서 복사가 전사, 명사, 점사, 험사 네 부분을 포함하고 있다고 했다. 역경의 괘사와 효사도 이에 준한다고 보면 된다. 전사는 점친 시간과 점치는 사람을 기록하고 명사는 점치고자 하는 일을 가리키며 점사는 신탁을 기록하고 험사는 점친 이후 벌어진 실제 상황을 기록한 것이다. 현존 역경의 괘사와 효사에 네 부분이 모두 포함되어 있는 것은 없다. 네 부분 가운데 일부만 있다고 생각하는 것이 옳겠다.

송학은 괘사와 효사에 상사象辭와 점사 두 가지 형태가 있다고 구분한다. 상사는 물상 내지 괘상을 표현한 말이고 점사는 길흉을 판단하는 말이다. 그렇다면 송학에서 상사라고 부르는 것은 사실 전사, 명사, 험사 가운데 어떤 것인데 이런 구분을 미처 알지 못하여 혼동을 일으킨 것이라고 보면 된다. 상사에 해당하는 것을 세밀하게 구분할 필요가 있다.

송학도 동의하고 고고학적 사실에도 부합하는 구분은 점사이다. 점사는 여러 가지가 있는데 현존 역경의 점사는 은나라 때 널리 사용하던 다양한 점사를 간략하게 추린 것이라고 볼 수 있다. 은나라 때 갑골 복사에는 현존 역경에서도 사용하는 점사를 포함하여 훨씬 다양한 점사를 사용하고 있다. 우리가 알고자 하는 것은 역경의 점사이니 갑골 복사의 다양한 점사는 따로 소개하지 않겠다.

역경의 점서에서 사용하는 점사도 귀복의 복사처럼 길흉휴구 吉凶休咎를 표시하는 전문적인 술어이다. 점사의 종류는 대길大吉, 길吉, 형亨, 원형元亨, 광형光亨, 소형小亨, 이정利貞, 인吝, 무구无咎, 무회无悔, 회悔, 회망悔亡, 여厲, 흉凶, 재생災眚 등으로 다양하다. 그러나 찬찬히 뜯어보면 길흉, 회린, 무구, 여, 원형이정, 재생 정도로 압축할 수 있다. 무나 망은 모두 없어진다, 사라진다는 뜻으로 점사의 일부이지만 별개의 개념은 아니다. 대, 원, 광, 소 등도 마찬가지이다. 가장 자주 나타나는 점사를 기준으로 늘어놓으면 다음과 같이 될 것이다. 왼쪽의 좋은 것부터 오른쪽의 나쁜 것으로 진행하는 순서라고 보면 된다.

大吉 / 元吉 〉吉 / 无不利 〉吝 / 无咎 〉悔 〉厲 〉凶 〉災眚

길흉은 역경에서 가장 기본적인 점사이다. 좋은지 좋지 않은지 판단하는 말인데 둘 사이에는 인부터 여까지 중간자들이 많이 파생된다. '길흉은 득실의 이미지(吉凶者, 失得之象也)'라는 말은 계사전의 규정이다. 그래서 길흉은 우선 득실이라고 번역해서 이해하는 것이 옳을 것이다. 그래서 원하는 것을 얻을 수 있으면 길이라 하고 반대의 경우는 흉이라 하는 것이다. 길과 흉은 짝이 되는 것이라서 상대적 개념이라는 점을 명심해야 할 것이다.

　길에서 파생된 점사에는 대길이나 원길이 있다. 원 자에는 여러 가지 뜻이 있지만 역경에서는 대 자와 통가되는 것이 틀림없다. 따라서 대길이나 원길은 같은 말이다. 원형이정도 많은 해설과 입장이 있지만 원형과 이정으로 나눠야 한다는 것이 고증역학의 입장이다. 단순히 형이라고 말하는 경우를 제외하고 원형이나 광형이라고 하는 경우는 원길과 마찬가지 의미라고 본다. 원 자와 광 자가 비슷하게 생긴 글자라는 점을 유념해야 한다. 이 밖에 무불리는 불리한 일이 없다는 뜻인데 이것도 길과 대략 비슷한 뜻이라고 볼 수 있다.

　흉에는 파생된 점사가 없다. 그래서 대길이나 원길에 해당하는 대흉이나 원흉 같은 말은 없는 것이다. 아마 갑골 복사에서 물려받은 말일 것이라고 추측하는 재생이 흉보다 강한, 대흉의 의미일 것이라고 본다. 재생은 역경에 재와 생으로 각각 나타나기도 한다. 이때의 자리는 무구의 구 정도에 해당할 것이다. 구에 대해서는 아래쪽을 참고하면 된다.

회린은 본래 별개의 점사였지만 길흉이 짝을 이루면서 역시 짝을 이루게 되었다고 생각한다. '길흉은 득실의 이미지'라는 말에 이어 계사전은 회린을 '걱정하고 근심하는 이미지(悔吝者, 憂虞之象也)'라고 규정하고 있다. 이것을 근거로 회린은 길흉 사이에 있는 중간자라고 볼 수 있는데 걱정과 근심이 약간의 차이가 있다는 것이 일반적인 의견이다. 인이 길에 가깝기 때문에 잘 되려면 조심해야 한다는 뜻이고 회가 흉에 가깝기 때문에 안 될 일을 잘되게 하려고 조바심 낸다는 뜻으로 이해한다.

인은 한 글자로 사용되는 빈도가 가장 높은 점사인 데 반해 회는 다른 말과 합쳐서 두 글자 이상으로 사용되는 점사이다. 대표적인 것이 회망, 무회, 유회 같은 것들이 있다. 또한 길흉은 괘사나 효사에 두루 사용되지만 회린은 효사에만 나타난다는 점이다. 길흉이 괘 전체의 득실을 결정하는 데 비해 회린은 일이 진행되는 과정에서 작은 길흉에 해당하는 것으로 이해하기 때문은 아닐까 싶다. 계사전은 그래서 회린을 '작은 흠에 대해 말한다(言乎其小疵也)'라고 말하는 것이리라.

무구는 흔히 허물이 없다는 뜻으로 풀이하는 점사이다. 무구의 구 자는 본래 천벌이나 재난이라는 뜻이다. 갑골문에서 구 자는 발로 사람의 정수리를 밟는 모양이었다. 재앙이 하늘로부터 닥친다는 의미였던 것이다. 그러나 역경은 구 자를 단독으로 쓰기보다 무구라는 문장 형태로 쓰는 경우가 대부분이고 의미에도 변화가 생겼다. 무구가 '허물을 보충하는 일을 잘한다(善補過也)'라고 규정한 계사전의 말은 사실 '허물도 없고 영예도 없다(无咎无譽)'라는 말을 근거로 이해하는 편이 옳다. 영예의 반대말로서 허물은 비난의 뜻이고 따라서 무구는 비난을 받지 않는다는 말이다. 허물을 보충하는 일도 사실 비난을 받은 뒤에 지적당한 것을 고치는 것을 말할 것이다. 무구의 자리가 어디인지는 결정하기 힘들다. 길흉처럼 결과를 표현하는 것일 수도 있고 회린처럼 과정의 일부일 수도 있기 때문이다.

길흉, 회린, 무구는 계사전이 특별히 설명하고 있는 점사이다. 이것을 보면 계사전은 역경의 많은 점사 가운데 이들을 추려 내고 핵심적인 점사라고 보았던 것 같다. 그러나 역경 자체를 찬찬히 살펴보면 이들 다섯 가지 이외에 다른 점사들도 여럿 나타난다. 앞서 파생된 점사들이라며 기본적인 점사에 덧붙여 설명했으니 남은 것은 여나 원형이정 정도일 것이다.

여는 일반적으로 위태롭다는 뜻이라고 한다. 본래 숫돌礪을 가리키는 글자였기 때문에 여기서 상상력을 동원하여 노력한다는 뜻으로 이해하는 쪽도 있다. 하지만 본래 의미를 생각해 보면 위태롭다는 쪽이 나을 것이다. 리징츠 같은 고증역학자는 여 자를 염병(장티푸스) 같은 돌림병으로 생각했다. 이전에는 천벌을 받아야 이런 지독한 병에 걸린다고 생각한 탓이다. 숫돌에 얼굴을 박박 문지르는 것처럼 쓰라린 병의 형상과 동일시한 탓일 것이다. 돌림병으로 생각할 경우, 여 자의 통가자는 여癘 자이다.

원형이정을 원, 형, 이, 정으로 끊어 읽는 장법은 상당히 오랫동안 많은 사람들이 받아들인 것이다. 그러나 고증역학이 밝힌 것처럼 원형과 이정으로 나눠 읽는 것이 역경의 올바른 장법이다. 여기서 형이라는 점사가 독특하다. 다른 말들과 결합해서 나타나는 원, 이, 정과 달리 형은 독립해서 쓰는 경우가 많이 등장하기 때문이다. 역경의 형 자를 일괄적으로 제사를 뜻하는 향享 자로 환원해서 읽는 독법도 문제이고 길흉의 길에 해당하는 것으로만 읽는 것도 문제이다. 적절한 독법이 필요하다.

이정은 점사의 하나라고 볼 수도 있지만 '이롭다는 점이다'라는 명사 술어 문장으로 이해하는 쪽이 옳을 것이다. 물용勿用을 점사로 볼 것인지 아닌지도 이정과 마찬가지로 문젯거리이다. 물용은 얼핏 '쓰지 않는다'라든지 '쓰지 마라' 따위의 문장 형태로 보이지만 사실은 '불리하다', 곧 이롭지 않다는 뜻이기 때문이다. 아마 주나라 사람들이 이전의 점사에서 물려받은 것일 가능성이 크다.

통가

통가는 '바꿔 사용하고(通用)' '빌려 쓴다(假借)' 두 가지를 줄여 부르는 말이다. 통가라는 중국어 현상은 현재도 개별적 상황에서 일어나고 있지만 특히 고대 중국어에서 전반적으로 나타나는 언어 현상이었다. 통가는 중국어를 기록하는 문자의 특성, 곧 구어는 풍부한 데 비해 문자가 상대적으로 부족하기 때문에 생긴다. 이런 불일치를 해소하기 위해 고대에는 문자를 사용하면서 어떤 의미를 표시하는 본래 글자를 사용하지 않고 본래 글자와 소리가 같거나 소리가 가까운 글자를 빌려서 대체했다. 이것이 일반적인 통가이다.

역경을 이해하기 위해 통가를 알아야 한다는 것이 궁금할 수도 있겠다. 주역을 비롯해 현존하는 고대 중국 문헌의 문자는 후대 중국어의 의미로 이해할 때 오해를 부를 수 있기 때문이다.

통가자를 이해해야만 고대 문헌의 정확한 의미를 파악할 수 있다. 고대 중국 문헌의 통가는 고대 중국어의 음운을 알아야 확인할 수 있다. 따라서 통가를 모른다면 주역뿐 아니라 다른 고대 중국 문헌도 읽을 수 없게 된다. 아주 소략하지만 통가 현상을 소개하는 이유도 이 때문이다.

구어와 문자의 긴장에서 비롯한 통가는 구어가 문자에 우선한다는 생각을 전제로 한다. 표준화 이전의 중국어, 특히 고대 중국어의 음운을 완전히 아는 것이 지금은 불가능하지만 우리는 '재구음'이라는 무기를 가지고 있다. 그리고 경험적 연구 성과가 축적되어 상당한 양의 통가 지식을 축적하고 있다. 이 책도 이런 성과에 따른 것이다.

통가가 흔했던 시절이 고대이기 때문에 통가를 달리 고음통가古音通假, 곧 고대음의 통가라고 부른다. 다음은 고대에 어떤 종류의 통가가 있었는지 간단하게 원리와 사례를 들어 보았다.

① 발음이 같거나 가까운 글자로 본자를 대체하는 경우가 통가에 가장 부합한다. 통가에서 대체하는 문자target character를 통가자라고 부르고 대체하려는 글자source character를 본자本字 또는 정자正字라고 부른다. 그러나 이것은 어떤 글자가 본래 없을 때 글자를 빌려 쓰는 가차假借와는 다르다는 것을 유념해야 한다. 다음

과 같이 나눌 수 있다.

㉠ 발음이 같은 통가, 곧 동음 통가同音通假의 예는 다음과 같은 것이 있다. 동童 자로 동僮 자를 대체한다든지 사술 자로 사捨 자를 대체하는 따위이다.

㉡ 두 글자의 초성, 곧 성모聲母가 같은 통가, 다시 말해 쌍성 통가雙聲通假도 있는데 예를 들자면 석錫 자로 사賜 자를 대체한다든지 계誡 자로 해駭 자를 대체하는 따위이다.

㉢ 중성과 종성을 합친 개념인 운모韻母가 같은 통가, 곧 첩운 통가疊韻通假도 있는데 예를 들자면 언틀 자로 건懇 자를 대체한다든지 환桓 자로 원塤 자를 대체하는 따위이다.

② 통가자의 형태가 본자와 비슷한 경우도 통가할 수 있다. 발음의 동일성 내지 근접성을 전제로 하는 통가의 엄밀한 의미로 보자면 이것은 통가 현상이 아닐 수 있지만, 중국 문자 가운데 어떤 것은 문자 구조 내에 음운 정보를 포함하고 있는 경우가 있고 이것이 동일하거나 근접한다고 인식했기 때문에 통가하게 된 것이다. ②의 상황도 ①을 벗어나는 것은 아니다. 이것도 다음과 같이 나눌 수 있다.

㉠ 형성자는 뜻과 소리 두 부분으로 구성하는 문자이며 중국 문자에서 70% 가량을 차지한다. 형성자에서 소리 부분만

으로 본래 형성자를 대체하는 경우이다.

ⓛ 이것은 ⊙과 반대로 형성자가 소리 부분의 문자를 대체하는 경우이다.

ⓒ 소리 부분이 같은 형성자가 서로 대체되는 경우이다.

통가는 구어와 문자의 불일치에서 주요 원인을 찾을 수 있지만 이 밖에 다른 원인도 있다. 구어와 문자의 불일치의 구체적 사례일 수도 있는 기타 원인을 꼽자면 다음과 같다.

① 표준어가 제정되지 않은 탓이 있겠다. 이것은 진시황의 문자 통일 작업으로 어느 정도 해소되지만 고대 중국 문헌의 대부분이 진시황 이전에 창작된 것을 감안하면 표준어의 미비도 원인이라고 꼽을 수 있다.

② 고대 중국인들의 언어 습관 가운데 중요한 것이 이름에 대한, 특히 가족과 존중해야 할 사람들의 이름에 대한 기피 현상이다. 피휘避諱도 원인의 하나로 꼽을 수 있다.

③ 가장 어려운 통가자는 필사자가 무지한 탓에 생긴 통가이다. 이런 통가 현상은 근거를 찾을 길이 없기 때문에 해독하기 가장 어렵다. 무지도 원인의 하나로 꼽아야겠다.

통가가 흔했던 고대 중국어에서 통가와 구별해야 하는 것이 가차 현상이다. 통가를 가차와 혼동하는 사람이 많기 때문이다.

통가는 본래 글자가 있지만 대체해서 쓰는 것을 말하고 가차는 본래 글자가 없을 때 새로운 글자를 만들기 번거롭거나 글자 수가 너무 많이 증가하는 일을 피하려고 소리가 비슷하거나 같은 글자를 따다가 의미를 표현하는 것을 말한다. 예를 들면 혜慧 자 대신 혜憓 자를 쓰는 것은 통가 현상이고 본래 코를 가리키는 자 自 자를 빌려 자기 자신이라는 의미를 표현하는 것은 가차인 것처럼 말이다.

3장
텍스트 앞

이제 우리는 역경 텍스트를 본래 순서에 따라 읽을 것이다. 체제에 대해 설명이 좀 필요하다.

\# 부호는 64괘의 시작을 의미한다. 64괘는 각각 하나의 시퀀스로 읽어야 한다. 그래서 시나리오의 \# 부호를 빌려 왔다. \# 부호 뒤의 숫자는 괘의 순서이다. 이어서 나름대로 파악한 장면의 주제를 기록했다. 독자의 이해를 돕기 위한 장치들이다. 장치들 다음에 괘의 이름과 괘의 그림을 제시했다. 괘의 이름을 알면 되지 괘의 그림까지 굳이 알 필요는 없다. 우리는 문자에 집중하기 때문이다. 그래도 현재 통용되는 주역에 모두 들어 있는 그림을 빼기는 좀 찜찜하다.

원문은 줄을 바꿔 실었다. 원문은 고일총서古逸叢書 삼편三編에

실려 있는 송나라 때 판본 주역주소周易注疏를 따랐다. 출토 문헌을 제외한다면 가장 오래되고, 가장 권위 있는 선본이다. 아마 당나라 때 판본을 송나라 때 그대로 옮긴 것이리라. 주역 원문조차 선본이 아닌 경우가 허다하다 보니 어쩔 수 없이 일일이 실을 수밖에 없었다.

원문에는 중국식 표점 부호가 달려 있다. 현재 통용되는 '현토'는 역경을 읽는 데 도움은커녕 방해만 되기 때문에 없앴다. 표점 부호에는 크게 쉼표(,)와 마침표(。)가 있다. 중국어에서 쉼표와 마침표는 모두 문장의 마침을 표시한다. 단문이라면 마침표 하나만 나오겠지만 복문은 쉼표가 나온 다음, 마지막에 마침표가 나올 것이다. 기타 부호는 굳이 설명하지 않겠다. 이 책을 짓는 데 리징츠 주역통의에 큰 빚을 졌다. 원문 표점 부호는 오롯이 주역통의대로 남겨 업적을 기렸다.

원문의 분절을 많이 생각하지 않을 수 없었다. 어디서 분절할지 의견이 많지만 어떤 장법章法도 속 시원하지 않기 때문이다. 가능한 한 리 선생의 장법을 따르려고 했다. 리 선생과 내 장법의 차이는 번역문을 읽고 원문 표점과 비교하면 알 수 있을 것이다.

누구를 따라 읽은 곳이든, 내 나름 읽은 곳이든 번역문은 오로

지 내가 책임진다. 역경을 처음 읽는 독자라면 이런 글이구나 하겠지만, 다른 번역본을 읽어 본 독자라면 낯설지 모르겠다. 통용되는 번역본 대부분이 상수역학이나 의리역학에 따른 것이기 때문에 고증역학을 따른 이런 독법은 틀림없이 낯설 것이다.

원문과 번역문만 떼서 읽어도 좋겠지만 역경의 언어가 지금의 독자를 염두에 둔 것이 아니기 때문에 무슨 말인지 도통 이해되지 않기 십상이다. 이해를 돕기 위해 원문과 번역문 다음에 괘사와 효사의 분절에 맞춰 설명했다. 고증역학의 성과에 근거해서 역경을 문학으로 읽기 위한 해설이다. 상수역학이나 의리역학 체계를 빌려 범하는 일은 없어야 할 것이다.

#1 용이 나타나다: 건괘 ䷀

乾。元亨。利貞。

건. 크게 형통하다. 이로운 점이다.

初九 潛龍。勿用。

초구. 물에 잠겨 있는 용이다. 이롭지 않다.

九二 見龍在田。利見大人。

구이. 나타난 용이 우리 영역에 있다. 대인을 만나는 것이 이롭다.

九三 君子終日乾乾, 夕惕若。厲, 无咎。

구삼. 군자가 해가 저물도록 걱정하고 밤에도 경계한다. 위태롭지만 허물이 없다.

九四 或躍在淵。无咎。

구사. 어떤 사람이 깊은 물에 뛰어든다. 허물이 없다.

九五 飛龍在天, 利見大人。

구오. 나는 용이 하늘에 있다. 대인을 만나는 것이 이롭다.

上九 亢龍。有悔。

상구. 쭉 뻗은 용이다. 후회가 생긴다.

用九 見群龍無首。吉。

용구. 똬리를 튼 용을 보았는데 머리가 없다. 길하다.

건은 괘명, 곧 괘의 이름이다. 나머지 괘도 모두 괘명을 제시하는 것으로 시작한다. 인이뭐는 괘명 건 자가 본래 알斡 자였을 것으로 본다. 이것은 설문해자說文解字의 설명을 따른 것인데 북두칠성을 가리키는 글자라고 보았다. 알은 빙빙 돈다는 뜻인데 고대 중국인은 모든 별이 북두칠성을 중심으로 돈다고 생각했다. 리징츠는 원이뭐를 따른다.

괘명과 괘사 다음에 효사가 나온다. 건괘와 곤괘는 모두 일곱 개다. 건괘 효사가 무엇을 가리키는지 말이 많았다. 원이뭐나 리징츠는 주로 천문 현상을 기록한 것이라고 본다. 예를 들어 초구 효사의 잠룡을 24절기에서 추분 때의 용성龍星, 곧 용 별자리로 보는 것 따위이다. 한나라 때 천문학에 따라 합리적으로 해석한 것이긴 하지만 꼭 그렇게만 볼 수 있는 것은 아니다.

구이 효사: '현룡재전'의 전을 리징츠는 용성 왼쪽에 있는 천전성天田星이라고 본다. 용성을 전제로 한다면 그렇게 볼 수 있겠다. 그러나 건괘의 용이 꼭 용성이 아니고 지금은 사라진 동물이라면 전도 천전성은 아닐 것이다. 전은 구획을 지은 장소를 가리키는 말이다. 동물을 잡는 사냥터도 전이라고 하고 식물을 재배하는 밭도 전이라고 한다. 이어서 나오는 '이견대인'의 대인을 리징츠는 관직에 있는 사람 또는 귀족이라고 본다. 어쩌면 대인은 인

류학에서 말하는 대로 빅맨Big man을 가리킬지도 모른다. 그래서 그대로 대인이라는 말을 유보하겠다.

구삼 효사: 여기엔 용이 나오지 않는다. 대신 군자가 나오는데 대인과 군자를 대비시켜 보면 상당히 묘한 울림이 생긴다. 군자라는 말을 보면 과연 구삼 효사가 오래된 점사를 편집한 것일까 의심스럽기도 하다. 리징츠는 군자도 대인과 마찬가지로 관직에 있는 사람 또는 귀족이라고 풀고 말았다. '건건'을 원이둬는 연연惯惯이라고 읽어야 한다고 본다. 걱정한다는 뜻인데 옳다. '척약'의 약 자는 연然의 통가자이고 앞의 말에 붙여 쓰면 형용사형을 만든다.

구사 효사: 여기엔 주어가 없다고 보는 경우가 흔하다. 그리고 앞서 두 번이나 제시하고 뒤따라 세 번이나 나오는 용이 숨은 주어라고 보는 경우가 대부분이다. 그러나 리징츠는 '혹약재연'의 혹 자가 주어라고 본다. 그리고 주역에서 혹 자는 대인이나 군자를 가리키는 대명사인데 그들에게 뭔가 숨겨야 할 일이 있을 때 쓴다고 설명한다. 주어라는 말은 수긍이 가지만 꼭 군자의 대명사인지 확정할 수 없다. 따라서 어떤 사람 정도로 유보하겠다. 구사 효사는 구삼 효사와 더불어 한 세트라고 보는 것이 타당하겠다. 그리고 어떤 사람이 깊은 물에 뛰어드는 장면이라고 생각

한 리징츠는 그가 자살하는 것이라고 보지만 꼭 그럴까 의문이 남는다.

구오 효사: '비룡'을 리징츠는 24절기에서 춘분 때의 용성이라 본다. 그러면 '재천'의 천은 단순히 하늘이라는 뜻일까? 리징츠가 이제껏 풀이한 대로라면 여기 천도 어떤 별자리여야 한다. 따라서 비룡이 용성이라는 주장을 따르기는 힘들겠다.

상구 효사: '항룡'도 말이 많다. 꼭대기에 올라간 용이라고 많이 이야기하지만 그것은 오효, 곧 다섯 번째 효의 자리를 중시하는 관점에서 하는 말이다. 오효를 중시하는 관점이 꼭 옳다고 할 수는 없다. 원이뒤는 사기史記 천관서天官書의 구절을 인용하면서 항 자가 직直 자와 통가된다고 보았다. 리징츠는 원이뒤의 말에 갑골문에 나타난 용 자의 형태가 똬리를 튼 모양이라는 점을 추가한다. 다음에 나오는 용구 효사의 '군룡'의 해석에 골머리를 앓은 사람이라면 상당히 매력적으로 느낄 만한 풀이이다.

용구 효사: 용구라는 말은 앞서 설명했기 때문에 따로 설명하지 않겠다. 군룡의 군을 리징츠는 권捲, 곧 돌돌 말리다의 통가자라고 본다. '무수'는 그러면 똬리를 틀고 머리를 숨긴 바람에 머리가 보이지 않는다는 뜻이 된다.

#2 인간의 대지: 곤괘 ䷁

坤。元亨。利牝馬之貞。君子有攸往, 先迷, 後得主。利西南, 得朋。
東北, 喪朋。安貞吉。

곤. 크게 형통하다. 암말에 대해 물으니 이로운 점이다. 군자가
어디론가 가야 할 일이 있을 때 처음에는 길을 잃겠지만 나중에
는 주인을 만나게 된다. 서남쪽이 이롭고 재물을 얻게 된다. 동북
쪽은 재물을 잃는다. 머물러 사는 일에 대한 점은 길하다.

初六 履霜, 堅冰至。

초육. 서리를 밟았는데 단단한 얼음이 온다.

六二 直, 方, 大: 不習, 无不利。

육이. 곧고 반듯하고 크다. 익숙하지 않지만 이롭지 않은 것이
없다.

六三 含章。可貞。或從王事, 无成, 有終。

육삼. 아름다운 무늬를 품었다. 괜찮다는 점이다. 어떤 사람이
왕의 사업에 종사할 때 마치기는 했지만 완성하지 못했다.

六四 括囊, 无咎无譽。

육사. 사무늘 낢는다. 허물도 없고 명예도 없다.

六五 黃裳。元吉。

육오. 노란 치마이다. 크게 길하다.

上六 龍戰于野, 其血玄黃。

상육. 용이 들판에서 싸워 피가 흘러넘친다.

用六 利永貞。

용육. 오랜 기간에 대해 물으니 이로운 점이다.

　곤은 괘명이다. 괘사가 꽤 길다. 괘사나 효사가 이렇게 긴 경우는 틀림없이 여러 번의 점사를 함께 편집해서 기록한 것이다. '원형'은 건괘와 다를 것이 없지만 '이정'이라는 건괘 괘사에 비해 곤괘의 '이빈마지정'은 길다. '利 … 之貞' 형태는 '…에 해당하는 것에 대해 점을 쳐서 물었고 결과가 이롭다'는 뜻이다. 유攸 자는 명사화표지 소所와 같다. 좀 더 오래된 형태와 새로운 형태의 차이이다. '후득주'의 주가 누구냐에 대해 많은 말이 있었지만 리징츠는 괘사 뒤쪽의 말을 참작해서 상인이 묵은 여관 주인이라고 본다. 나쁘지 않다. '붕'은 벗, 친구라는 뜻도 있지만 본래 의미는 열 개씩 꿴 조개이다. 조개는 당시 화폐였는데 아마 두 꿰미, 곧 조개 스무 개가 한 단위였던 모양이다. 고등어를 사고팔 때 두 마리가 짝을 이룬 한 손이라는 단위를 사용하는 것처럼 말이다. 패貝 자도 짝을 이룬 글자가 있다. 영賏이다. 영 자가 붕朋 자와 통가 관계가 되면서 영 자는 결국 붕으로 정착하게 되었지 싶다. 리징츠는 역경의 붕 자를 모두 조개 꿰미로 이해한다. 나도 옳다고 보고 그래서 재물이라고 옮겼다. '이서남 득붕 동북 상붕'은 주나라 서남쪽에 있는 나라들이 주나라에 우호적이고 동북쪽에 있는 나라들이 주나라에 적대적인 경우가 많았기 때문에 이런 말이 나왔을 것이다.

육이 효사: '직방대'의 의미는 분명하지 않다. 리징츠는 땅에 대한 대체적인 인식이라고 생각한다. 웅붕래熊朋來는 직방이 한 문장이고 대 자가 연문이라고 본다. 원이둬는 대 자가 연문이라는 것은 확정할 수 없지만 직방이 성방罿方이고 '순수한다. 자주 안 해도 불리하지 않다'라고 육이 효사를 풀이한다. 참고할 만하다.

육삼 효사: '함장'의 뜻이 무엇인지 분명하지 않다. 까오헝은 육삼 효사를 '상나라를 정벌해도 괜찮다는 점이다. 어떤 사람이

왕사에 종사해도, 성공은 없지만 결과가 좋다'라고 풀이한다. 함장은 산 | 를 깅卟이라고 생삭한 점은 일리가 있다. '가정'의 가는 괜찮다는 뜻이다. 이불리에서 선택한다면 이롭다는 뜻이다. 그래서 '가정'은 이정, 곧 이로운 점과 뜻은 같지만 말이 다른 경우일 것이다. 주나라 사람들이 이전의 점사를 그대로 이용한 흔적일 것이다. 리징츠는 '함장'과 '가정'을 각각 다른 점사라고 보지만 까오형은 합쳐서 하나의 점사라고 본다. '왕사'가 무엇인지도 의문이다. 왕의 사업을 가리키는 말인데 왕의 사업은 여러 가지이다. 리징츠는 좀 단순화시키는 경향이 없지 않은데, 왕사를 왕의 대사, 곧 큰일이라고 보고 전쟁이라고 규정한다. 예기禮記의 규정을 참고하면 대사는 제사와 전쟁, 딱 두 가지이다. 나머지 일은 모두 소사, 곧 작은 일 또는 하찮은 일이 된다. '유종'은 보통 좋은 결과가 생긴다는 뜻이지만 여기서는 그저 마친다는 뜻이다.

육사 효사: 자루를 리징츠나 까오형 모두 농작물을 담는 것이라고 본다.

육오 효사: 노란 치마를 왕의 상징으로 보는 경우가 보통이지만 주역에 색깔을 등급별로 나누는 생각이 있는지는 아직 의문스럽다. 여기서는 신분 등급으로 보지 않는다.

상육 효사: 여기엔 건괘처럼 용이 등장한다. 이것을 리징츠는 신화화된 큰 뱀이라고 본다. 과연 그럴까 의문이다. '현황'을 검고 노랗다고 보는 경우가 보통이지만 까오헝은 현황이 피가 흐르는 모양을 가리키는 현황泫潢의 통가라고 본다. 까오헝의 말을 따른다.

용육 효사: '이영정'을 리징츠는 가장 길한 조짐이라고 하는데 근거는 제시하지 않았다. 갑골문에서 영은 장기간을 가리키는 말이기 때문에 장기간에 대한 점을 친 것으로 보는 것이 타당하다.

#3 구혼은 어려워: 둔괘 ䷂

屯。元亨, 利貞。勿用有攸往。利建侯。

둔. 크게 형통하다. 이로운 점이다. 어디론가 가야 할 일이 있을 때는 이롭지 않다. 제후를 세우는 일은 이롭다.

初九 磐桓。利居貞。利建侯。

초구. 머뭇거린다. 거주에 대해 물으니 이로운 점이다. 제후를 세우는 일은 이롭다.

六二 屯如邅如, 乘馬班如。匪寇, 婚媾。女子貞不字, 十年乃字。

육이. 가고 싶지만 어려워하고 머뭇거린다. 말은 수레에 매 놓았지만 빙빙 돌고 있다. 도둑질하려는 것이 아니라 혼인을 하려는 것이다. 임신하지 못한 여자에 대해 물었다. 십년이 지나면 임신할 것이다.

六三 即鹿无虞, 惟入于林中。君子幾, 不如舍。往, 吝。

육삼. 사슴과 마주쳤는데 산지기가 없다. 숲속으로 들어갈지 생각한다. 군자는 희망이 있어도 그만두는 편이 낫다. 간다면 부끄러워질 것이다.

六四 乘馬班如, 求婚媾。往, 吉。无不利。

육사. 말은 수레에 매 놓았지만 빙빙 돌고 있다. 구혼하려는 것이다. 간다면 길하다. 이롭지 않은 것이 없다.

九五 屯其膏。小貞吉, 大貞凶。

구오. 기름진 고기를 쌓아 두었다. 소사에 대해 물으면 길하지만 대사에 대해 물으면 흉하다.

上六 乘馬班如, 泣血漣如。

상육. 말은 수레에 매 놓았지만 빙빙 돌고 있다. 피눈물이 줄줄
흐른다.

둔이라고 읽은 괘명을 주역을 읽을 때는 '준'이라고 읽는 경우
가 많다. 표시할 의미보다 글자 수가 적었던 고대에는 이렇게 한
글자로 여러 가지 의미를 표시했다. 다만 다르게 읽어서 구별하
는 정도였다. 준이라고 읽을 때는 어렵다는 뜻이다. 건괘나 곤괘
를 제외한 나머지 괘들은 각 괘의 전체 줄거리를 파악할 수 있는
경우가 많아서 괘명을 잘 새겨야 한다. 하지만 둔괘에는 구혼과
구혼을 위한 선물 마련이라는 분명한 줄거리가 나타난다. 따라
서 굳이 어렵다는 뜻에 집착할 필요는 없다. 이후의 나머지 괘들
도 이렇게 읽는 것이 좋겠다. '원형 이정'은 이미 설명한 대로다.
건괘 이외에 원형과 이정을 괘사에 기록한 괘들이 몇 개 더 있는
데 둔괘가 그중 하나이다. '이건후'의 건후는 제후로 봉한다는 뜻
이다. 일정한 땅을 주기 때문에 봉한다고 하고 집안을 세우기 때
문에 건 자를 쓰는 것이다. 동일한 일을 다르게 표현한 것이다.

초구 효사: '이거정'도 '利 … 之貞' 형태와 같은 것이다. 다만
명사화표지 지z 자가 있고 없는 차이이다. 거주에 대한 점이라

는 것은 리징츠나 까오헝이 공유하는 생각이다. 다만 까오헝은 바환은 '큰 돈로 담을 두른다'라고 달리 본다. 환 자를 원圜의 통가자로 보기 때문이다. 참고할 만하다. 괘사의 '이건후'가 한 번 더 나온다.

육이 효사: 여러 차례 나오는 여如 자는 건괘 구삼 효사에 나오는 '척약'의 약과 마찬가지로 연然의 통가자이고 형용사형을 만드는 기능도 똑같다. 리징츠는 여 자가 부사라고 하지만 그렇지 않고 형용사형을 만드는 것이 맞다. 이후에 나오는 여 자 가운데 이런 경우가 아닐 때만 설명하겠다. '둔여전여'에서 둔과 전은 준순逡巡, 곧 나아가려 하지만 나아가지 못한다는 뜻을 가진 말의 통가이다. 까오헝은 둔 자를 취聚라고 풀지만 여기선 아니다. '승마반여'의 승마를 리징츠는 말을 올라탄다고 하지만 역사적 사실과 맞지 않다. 말 등에 사람이 직접 올라타는 일은 전국 시대 후기나 중국에 보급된다. 그전에는 이런 일이 없었기에 말이 끄는 수레를 채비했다고 하는 편이 옳다. '반여'의 여는 형용사형이고 반은 질서정연하다고 볼 수 있겠지만 일단 리징츠를 따라 빙빙 돈다는 뜻을 가진 선旋의 통가자라고 보겠다. 까오헝도 같은 의미이다. '비구 혼구'는 다른 곳에도 여러 차례 나오는 말이다. 비 자는 p/f형 부정사의 하나이고 구 자는 약탈의 뜻

이다. 비구와 혼구는 이어지는 형태로 쓰는 경우가 많은 것으로 보아 리징츠의 설명처럼 약탈혼과 대우혼이라는 차이가 있을 것이다.

'여자정부자 십년내자'는 앞의 점과 다른 때의 점일 것이다. 자孕 자 앞에는 p/f형 부정사 불 자가 있다. 이것을 보면 자 자는 동사가 틀림없고 임신한다는 원래 의미일 것이다. 자 자를 혼인을 허락한다고 풀이한 경우가 많은데 틀렸다. 임신에 관한 점으로 보아야 한다. 점괘 구삼 효사와 구오 효사에도 임신에 대한 점이 나온다.

육삼 효사: 구혼 장면이 사냥 장면으로 바뀐다. '즉록무우'에서 즉 자는 마주하다는 의미의 동사이고 록을 리징츠는 산록山麓, 곧 산기슭이라 보지만 본래 글자대로 사슴이라고 보는 편이 낫겠다. 까오헝도 사슴이라 보고 사슴을 쫓는다고 푼다. 이게 나을지 모르겠다. 사냥 장면이 등장한 이유를 생각해 보면 결혼 지참금이 필요해서 지참금 마련을 위한 사냥 장면이 삽입된 것이라 보는 쪽이 낫기 때문이다. 우 자를 리징츠는 산지기, 까오헝은 몰이꾼이라고 본다. 사냥 장면이라 파악한 것은 까오헝 쪽이 나은데 우 자를 꼭 몰이꾼이라 볼 필요는 없다. 몰이꾼은 임시로 동원한 농민들까지 포함하는 넓은 개념이고 산지기는 사냥 시즌에

몰이꾼을 겸하기 때문이다. 또 육삼의 장면에 많은 사람이 등장하는 것 같지도 않다. '유입우임중'에서 유 자는 생각한다는 본래 뜻이다. 많은 이들이 유 자를 한정 부사로 읽는데 타당치 않은 듯하다. 까오헝은 주어를 군자가 아니라 사슴으로 본다. '군자기 불여사'에서 기 자는 서기庶幾, 곧 '거의 … 하다' 또는 '…을 바라다, 희망하다'라는 뜻의 동사와 같은 말이다. 리징츠는 기 자를 기지機智라고 보고 까오헝은 기祈라고 본다. 까오헝이 가깝다. 사 자는 버린다는 뜻의 사捨 자의 통가자이다. '왕 린'의 인 자를 리징츠는 한나라 때 판본을 근거로 머뭇거린다는 뜻을 가진 린遴 자의 통가자라고 본다. 하지만 다른 곳과 마찬가지로 불리하다는 의미로 보는 쪽이 나을 듯하다. 앞서 설명한 물용이라는 표현처럼 인 자는 이전의 점사를 주나라 사람들이 물려받은 말일 것이고 이롭지 않다는 뜻도 같다.

육사 효사: 앞에 나온 효사를 거의 대부분 반복한다. '구혼구'에서 혼인을 뜻하는 혼구가 술어가 아니라 목적어이고 구 자를 술어로 썼다. 그래서 둔괘가 구혼을 가리킨다는 것이 분명해졌다. 리징츠의 장법은 남들과 다르다.

구오 효사: '둔기고'의 둔 자는 어렵다는 준이 아니라 쌓는다는 둔이다. 많은 이들이 둔 자를 베푼다고 풀이하는데 상육 효사를

보면 신부 집에 가서 보란 듯이 쌓아놓고 선물로 주는 장면이 아직 아니다. 고 자는 짐승의 지방, 곧 기름을 가리키고 지방층이 있는 고기를 가리킨다. 따라서 구혼 선물로 사냥에서 잡은 것 중에 좋은 것을 가려 놓은 장면일 것이다. '소정'과 '대정'은 소사에 대한 점과 대사에 대한 점이다. 앞서 말한 것처럼 제사와 전쟁이라는 두 가지 큰일 이외에는 모두 작은 일이다.

상육 효사: '읍혈'의 읍 자는 술어, 혈 자는 목적어이다. '연여'는 본래 물이 범람하는 모양을 표현하는 말이고 비유이다.

#4 개간하다: 몽괘 ䷃

蒙。亨。匪我求童蒙, 童蒙求我。初筮告, 再三瀆, 瀆則不告。利貞。

몽. 제사를 지낸다. 내가 어리석은 놈에게 점을 쳐 달라고 하는 것이 아니라 어리석은 놈이 내게 점을 쳐 달라고 한다. 처음 점친 결과를 알려 줬지만 자꾸 다시 점쳐 달라고 하니 모독하는 짓이다. 모독이기 때문에 알려 주지 않는다. 이로운 점이다.

初六 發蒙, 利用刑人, 用說桎梏。以往。吝。

초육. 풀과 나무를 벨 때 형벌을 받은 사람을 쓰는 것이 이롭다.

쓸 때는 차꼬와 수갑을 벗겨야 한다. 그대로 간다면 부끄러워질 것이다.

九二 包蒙。吉。納婦。吉。子克家。
구이. 풀과 나무를 묶는다. 길하다. 아내를 맞아들인다. 길하다. 아들이 분가한다.

六三 勿用取女, 見金夫, 不有躬。无攸利。
육삼. 혼인에는 이롭지 않다. 무인을 만나면 목숨이 남지 않을 것이다. 이로운 것이 없다.

六四 困蒙。吝。
육사. 풀과 나무를 묶는다. 부끄러워질 것이다.

六五 童蒙。吉。
육오. 나무를 찍는다. 길하다.

上九 擊蒙。不利爲寇, 利禦寇。
상구. 나무를 쳐서 벤다. 도둑질하는 데는 이롭지 않고 도둑을 막는 데는 이롭다.

몽은 괘명이다. 본래 높이 솟은 흙더미에 무성하게 자란 풀과 나무를 가리키는 말이다. '비아구동몽 동몽구아'에서 동 자를 동僮 자의 통가자로 본 리징츠는 동몽을 어리석은 노예라고 한다. 하지만 꼭 그렇게 볼 것은 아니다. 구 자는 본디 찾는다는 뜻이지만 대부분의 풀이처럼 점을 치는 일을 가리키는 말이다. '초서'와 '재삼'은 점서占筮, 곧 시초점을 가리키는 말이다. 딱 한 번만 치는 것이 원칙이다. 따라서 자꾸 시초점을 치면 모독한다는 말이 나온다.

초육 효사: '발몽'의 발 자를 리징츠는 벌伐 자의 통가자라고 본다. 굳이 이렇게 보지 않고 벗겨 낸다는 발 자의 원래 뜻으로 보아도 되지만 다른 효사를 비교하면 리징츠의 풀이도 괜찮다. 까오헝은 눈을 가린 것을 벗긴다고 본다. '이용'을 까오헝은 이어利於로 풀이하는데 의미는 통하지만 동사 성질이 남아 있는 용 자를 그대로 전치사로 등치하는 것은 문제가 있지 싶다. '형인'은 질곡이라는 말이 이어지는 것으로 보아 형벌을 받은 사람인 것이 틀림없다. 설說 자는 탈脫의 통가자이다. 탈이라고 읽어야 하는 것은 잘 알려진 대로다. '이왕'의 이以 자는 여如의 통가자이다.

주역에 이 자가 자주 나오고 여러 글자의 통가자인 경우가 많다. 리징츠는 가정을 표시하는 집속사로 이해하는데 부사어로 이해하는 편이 낫다. 리징츠는 또 장법에서 마침표를 찍는 잘못을 저지른다. 뒤에 이어지는 인 자는 이왕 다음에 쉼표를 쓰고 인 자와 이어서 가정-결과 복문으로 보는 것이 좋다고 생각한다. 물론 이 자는 이때도 가정 접속사는 아니다. 이 자는 본래 가진다는 뜻의 동사이다. 유有 자와 통가되는 경우가 갑골문도 그렇고 다른 문헌에도 일반적으로 가장 많다. 나중에 전치사로 쓰기도 한다. 하지만 접속사 이而 자와 통가해서 종속복문 구조를 만드는 데 쓰기도 하지만 주역에서는 여與 자와 통가되는 경우가 가장 많다.

구이 효사: 장법이 비교적 복잡하다. 리징츠는 모두 다섯 개의 점사라고 보는데 옳은 듯하다. '포몽'의 포 자를 리징츠는 묶는다는 원래 뜻으로 이해한다. 까오헝이 포 자를 포정, 곧 요리사라고 이해해서 '요리사가 눈이 어둡다'라고 한 것은 억지스럽다. 까오헝은 몽 자를 어둡다는 의미로 이해하고 구이 효사를 주어-술어 문형으로 이해했기 때문이다. '납부'도 포몽처럼 술어-목적어 문형이다. 정식 혼인 절차를 밟은 혼인이다. '자극가'의 극 자도 여러 글자로 통가되는데 여기서는 성戌 자의 통가자라는 리징

츠의 말이 옳겠다. 고대 중국은 오해와 달리 우리가 흔히 핵가족이라 부르는 형태가 일반적이었다. 귀족도 크게 다르지 않았다. 따라서 분가라는 표현이 옳을 것이다.

육삼 효사: '취녀'는 그대로 이해해도 되지만 세로쓰기를 원칙으로 하는 중국어의 서법 특성을 볼 때 취娶 자를 뒷날 나눠서 표기한 것일 수도 있다. 그렇게 보면 세 글자가 한 문장을 이루는 형태로 글자 수가 균일해질 뿐 아니라 취녀라 읽지 않고 취 자 하나로 보아 약탈혼으로 이해할 필요가 없어진다. '견금부'의 문형은 분명하지만 금부가 무엇을 가리키는 낱말인지 의견이 많았다. 원이뚸는 금부를 금시鈗矢의 오자라고 본다. 리징츠가 금부를 무부武夫, 곧 무인이라고 이해한 것이 타당하다. 돈 많은 남자라는 이해는 천박하고 음탕하다. 까오헝도 참고할 만하다. 그는 견부에서 단구하고 부 자를 뒤에 붙여 부불유궁이라는 장법을 구사한다. 역경의 금 자는 황금을 가리키는 것이 아니라 구리 합금 종류를 가리키는 말이다. 여기서 청동이라 옮기지 않은 이유는 우리가 본 유물과 달리 구리 합금이 삭기 전에 금빛을 내기 때문이다. '불유궁'은 목숨을 잃는다는 비유적 표현이다. 리징츠는 '물용취녀' 이하 세 문장을 하나의 복문으로 보는 장법을 구사한다. 그리고 취녀를 약탈혼으로 이해해서 무인을 만나면 목숨

이 남아나지 않는다고 이해한다. 참고할 만하다.

육사 효사: 곧 찌는 볶는 나는 뜻의 곤擩 자와 통가자인데 구이 효사의 포 자와 비슷한 뜻을 가진 말이다.

육오 효사: '동몽'이 반복되는데 리징츠는 괘사의 동몽과 다른 뜻이라고 본다. 그는 동 자가 당撞 자의 통가자라고 본다. 도끼 따위로 나무를 찍는다는 말이다. 그러면 상구 효사 '격몽'의 격 자와 같은 뜻이 된다.

상구 효사: '격몽'을 달리 풀이할 수도 있다. 수호지진묘죽간에도 나오는 낱말이고 계사전에도 나오다시피 '격몽'은 딱따기를 친다는 의미, 곧 순찰을 돈다는 의미일 수도 있다. 뒤에 나오는 '불리위구 이어구'의 의미도 잘 이어진다. 물론 시대를 감안하면 나무를 찍는다는 뜻일 가능성이 더 많지만 말이다.

#5 여행에서 흠뻑 젖다: 수괘 ䷄

需。有孚。光亨。貞吉。利涉大川。

수. 이익이 생긴다. 크게 형통하다. 점을 물으니 길한 점이다. 큰 물을 건너는 일이 이롭다.

初九 需于郊, 利用恒。无咎。

초구. 성에서 좀 떨어진 곳에서 비에 젖었다. 평소대로 쓰는 것이 이롭다. 허물이 없다.

九二 需于沙, 小有言, 終吉。

구이. 강변 모래톱에서 물에 빠져 젖었다. 조금 잘못을 저질러도 결국 길하다.

九三 需于泥, 致寇至。

구삼. 진흙탕에 빠져 젖었다. 도둑을 불러들이는 지경이 되었다.

六四 需于血, 出自穴。

육사, 피에 젖었다. 굴에서 빠져나온다.

九五 需于酒食, 貞吉。

구오. 술과 음식에 흠뻑 젖었다. 점을 물으니 길한 점이다.

上六 入于穴, 有不速之客三人來, 敬之, 終吉。

상육. 굴에 들어갔는데 불청객 세 사람이 오는 일이 생긴다. 그들을 공경하니 결국 길하다.

수는 괘명인데 유需 자의 본래 글자이다. 젖는 것 가운데서 하늘에서 내린 비(需의 본래 생김새)에 젖는 것이다. 수괘의 주제는 여행에서 있을 만한 젖는 일이다. 수 자를 단전의 풀이에 근거해 기다린다須라고 보는 것도 가능하지만 원래 의미는 다를 가능성이 크다. '유부'를 리징츠는 상인이 이익을 얻는 것이라고 본다. '광형'의 광 자를 왕인지王引之는 광廣이라고 본다. 옳다. '이섭대천'은 주역에 자주 나타나는 점사이다.

초구 효사: 교는 고대 중국인이 인식한 공간의 원근 구조 가운데 중심 지역에서 좀 떨어진 곳을 가리킨다. 수괘 효사에는 일정 형식이 반복되는 꼴이 있다. '술어 + 于 + 목적어' 꼴인데 상육 효사를 제외하면 술어는 모두 수 자이다. '이용항'에서 용 자는 이以 자와 통가한다.

구이 효사: 사 자를 리징츠는 지沚 자를 잘못 쓴 글자로 고증했다. 옳은 말이다. '소유언'의 언 자는 틀림없는 명사이다. 리징츠는 언 자를 건愆 자의 통가자라고 일관되게 주장한다. 괜찮다.

구삼 효사: 니 자와 지 자는 운을 맞춘 말이다.

육사 효사: 무슨 영문인지 피에 흠뻑 젖어 굴에서 나온다고 한

다. 리징츠는 이 장면을 여행자가 여관에서 두들겨 맞고 도망 나오는 것으로 이해한다. 그럴지도 모른다.

구오 효사: 비유이다. 우리도 이런 말을 쓰지 않는가.

상육 효사: '불속지객'은 고대 중국에서 흔히 쓰던 말이다. 지금은 불청객이라 쓰는 말이다. 상육 효사도 리징츠는 여관에 투숙하는 것으로 본다. 꼭 그런지는 모르겠고 일반적으로 이해하면 되겠다. 공경하는 주체도 분명하지 않은데 리징츠는 여관 주인이라고 본다. 리징츠는 주역에 여행에 대한 괘가 많다고 하면서 수괘, 또 다른 수괘, 복괘, 풍괘, 여괘 등이 전문적으로 여행을 다룬 괘라고 열거하고 나머지 괘에도 여행에 대한 점사가 많아 나온다고 지적한다. 여행을 언급한 괘가 많다는 것은 틀림없는 사실이다.

#6 다투다: 송괘 ䷅

訟。有孚, 窒惕, 中吉, 終凶。利見大人, 不利涉大川。

송. 포로를 잡아 도망치지 못하게 경계할 때 중간에는 길하지만 결국 흉하게 된다. 대인을 만나는 것은 이롭지만 큰물을 건너는 일은 이롭지 않다.

初六 不永所事, 小有言, 終吉。

초육. 일을 오래 유시아시 않더라도 조금 잘못이 생길 뿐이고 결국 길하다.

九二 不克訟, 歸而逋其邑人三百戶。无眚。

구이. 다툼에서 이기지 못하고 돌아갔지만 자기 고을의 인민 삼백 호가 도망쳐 버렸다. 재앙은 없다.

六三 食舊德。貞厲, 終吉。或從王事, 无成。

육삼. 예전 소득을 먹고 산다. 점은 위태롭지만 결국 길하다. 어떤 사람이 왕의 사업에 종사하지만 완성하지 못한다.

九四 不克訟, 復卽命渝。安貞, 吉。

구사. 다툼에서 이기지 못하고 되돌아갔더니 왕의 명령이 바뀌었다. 머물러 사는 일에 대한 점은 길하다.

九五 訟。元吉。

구오. 다툰다. 크게 길하다.

上九 或錫之鞶帶, 終朝三褫之。

상구. 어떤 사람은 가죽 띠를 하사받더라도 하루아침에 여러 번 뺏길 것이다.

송은 괘명이다. 소송이나 다툼을 가리키는 말이다. '유부'의 부자는 포로를 가리킨다. '질척'이 모두 두려워한다는 뜻이란 것은 리징츠의 주장이다. 위성우于省吾 선생은 질척이 지이至易, 곧 대단히 쉽다는 뜻의 낱말의 통가자로 본다. 참고할 만하다. 중길은 상중하에서 중간 정도의 길이란 말이 아니다. 시간의 흐름을 가리킨다. '이견대인' 이하는 별도의 점사이다.

초육 효사: 영 자는 술어의 일부인 동사이다. 구久와 바꿔 쓸 수 있다. 여기서 언 자도 건 자의 통가자이다.

구이 효사: 극 자는 본래 의미이다. 다음 문장의 장법은 여러 가지이지만 리징츠를 따르는 것이 가장 합리적이다. '기읍인삼백호'는 단문을 구성할 수 없고 포 자의 목적어여야 한다. 무생은 이전에 사용하던 점사를 주나라 사람들이 계속 쓴 것이리라. 무불리와 같은 뜻이다.

육삼 효사: 덕 자는 득得의 통가자이다. 증여 개념이라는 것을 유념하라. 혜동惠棟이 식 자를 갉아먹는다蝕는 의미로 본 것은 반

대 의미이다. '왕사'도 이런 의미 연관에서 등장한 다른 점사이다.

구사 효사: '복즉냉누'의 장법이 상당히 어렵다. 복과 즉은 모두 동사이고 투도 동사인데 복즉이 하나의 단문, 명투가 다른 하나의 단문을 구성하는 것으로 이해하는 것이 좋을 듯하다. 즉은 접속사나 계사가 아니다. 까오형은 리징츠와 달리 투 자를 타他 또는 패敗의 의미로 본다. 참고할 만하다.

구오 효사: '송'이라는 사건을 리징츠는 주어가 없기 때문에 구사 효사를 이어 받은 나중의 것으로 이해한다. 글쎄, 의문스럽다.

상구 효사: '혹석지반대'에서 석 자는 사賜의 통가자이고 술어이다. 금문에 자주 나온다. 지 자는 간접목적어, 반대는 직접목적어이다. 반대는 가죽으로 만든 띠를 가리키는데 사람이 차는 띠가 아니라 마차를 끄는 말에 두르는 띠이다. 말에 두르는 띠로 수레 한 세트를 가리키고 있다는 왕부지王夫之의 의견을 리징츠가 인용하고 있다. 수사법 가운데 제유법이라는 말이다. 옳다. 다음 문장의 '종조'도 짧은 시간의 제유이다.

#7 전쟁을 지휘하다: 사괘 ䷆

師。貞丈人吉。无咎。

사. 사령관에 대한 점은 길하다. 허물이 없다.

初六 師出以律。否臧, 凶。

초육. 군대가 출정할 때 군율이 있어야 한다. (군율이) 좋지 않다
면 흉하다.

九二 在師中。吉。无咎。王三錫命。

구이. 중군에 있다. 길하다. 허물이 없다. 왕이 여러 번 상을 하사
한다.

六三 師或輿尸。凶。

육삼. 군대가 부상병이나 시체를 수레에 싣게 되는 경우이다. 흉
하다.

六四 師左次。无咎。

육사. 군대가 왼쪽에 오래 주둔한다. 허물이 없다.

六五 田有禽, 利執言。无咎。長子帥師, 弟子輿尸, 貞凶。

육오. 전쟁터에서 포로를 잡았을 때 심문하기 이롭다. 허물이 없

다. 장교가 부대를 이끌고 부관이 부상병이나 시체를 수레에 싣

는다 젊은 문♁이 흉한 김이나.

上六 大君有命, 開國承家。小人勿用。

상육. 임금이 상을 받아 나라를 세우고 도시를 받는다. 소인은 이
롭지 않다.

사는 괘명이고 군대 또는 전쟁과 관련된 괘이다. 사 자의 본
래 모양은 사 자 왼쪽 부분만이고 통나무를 깎아 만든 사다리를
가리키는 말이다. 신화에서 이런 모양의 사다리가 하늘로 통하
는 통로이다. '장인'의 장 자는 지팡이를 쥔 손의 그림인데 노인
을 뜻하기보다 본래 유목을 하던 주족周族 추장의 상징물일 것이
다. 정교일치의 부족 추장의 지팡이는 사다리와 같은 상징일 것
이다. 부족이 군사 집단이기도 한 고대의 형편을 생각하면 부족
장이 곧 부족 군대의 우두머리일 것이다. 자하역전子夏易傳이 장인
을 대인이라 적어 놓은 것을 역학자들이 많이 인용하지만 장인
이 오히려 낫다.

초육 효사: 이 자는 유㽔의 통가자일 것이다. '부장'의 부 자는
부정사이고 장 자는 선하다, 좋다는 뜻이다. 까오형은 장 자를

장牂의 통가자로 본다. 리징츠는 춘추좌전春秋左傳 선공宣公 12년 조의 한 대목을 인용하는데 적절하다.

구이 효사: '재사중'에서 재 자가 술어이고 사중은 뒤에 나오는 중사와 같은 말이다. 시경에도 이런 구가 자주 나온다. 중사는 셋으로 나눈 부대에서 주력 부대인 중군이다. '왕삼석명'의 명을 명령이라 이해해도 되지만 석 자가 술어이기 때문에 포상 명령으로 이해하는 편이 낫다.

육삼 효사: 혹 자는 부사어이고 여 자가 술어이다.

육사 효사: 왼쪽이 무엇의 왼쪽인지 설이 많지만 확정할 수는 없다. 그래서 그냥 두기로 한다. 두 밤 자는 것을 숙宿, 세 밤 이상 자는 것을 차라고 한다.

육오 효사: '전유금'의 금 자는 짐승을 통틀어 가리키는 말이기도 하지만 적敵을 사람 아닌 짐승으로 취급하는 태도가 고대에는 일반적이기 때문에 전쟁 상황을 이렇게 표현했다는 주장도 일리가 있다. 더구나 뒤에 '이집언'이라는 문장이 나오기 때문에 그러하다. 원이둬는 언 자를 신訊 자로 읽어야 한다고 했다. 원이둬가 제시한 근거가 확실하기 때문에 그렇게 보는 것이 맞겠다. 까오형은 전유금 때문에 이집언의 언 자를 언鳽의 통가자로 보고 새 이름이라고 한다. 글쎄. '장자수사 제자여시'에서 수와 여가

각각 술어이다. 종족 집단이 곧 군사 집단이기 때문에 큰아들이 사관, ~~차은~~ 자은아들이 ~~부사~~ 부사관이 되는 일은 자연스럽다.

상육 효사: '대군'은 제후를 가리킨다. '개국'과 '승가'는 동일한 사건의 두 가지 의미를 말한 것이다. 이후에도 국國과 읍邑이 여러 차례 등장하는데 도시 국가 내지 성벽 국가를 가리킨다. 갑골문에서는 작읍作邑 또는 작가作家라고 해서 가家도 읍을 가리키는 경우가 있다.

#8 평등하다: 비괘 ䷇

比。吉。原筮, 元永貞。无咎。不寧方來, 後夫凶。

비. 길하다. 점치는 사람 여럿이 동시에 점쳤는데 오랫동안 크게 길하리라는 점이다. 허물이 없다. 편편치 않은 나라가 오는데 늦게 도착한 놈은 흉하다.

初六 有孚, 比之。无咎。有孚, 盈缶, 終來有它, 吉。

초육. 포로를 잡았을 때 그들을 우리와 동등하게 대접한다. 허물이 없다. 포로를 잡았을 때 그릇 가득 밥을 주면 설령 변고가 생기더라도 길하다.

六二 比之自內。貞吉。

육이. 그들을 우리와 동등하게 대접하는 것은 우리 안에서 시작한다. 점을 물으니 길한 점이다.

六三 比之匪人。

육삼. 그들을 우리와 동등하게 대접한다고 해서 우리는 아니다.

六四 外比之。貞吉。

육사. 다른 나라 사람이더라도 우리와 동등하게 대접한다. 점을 물으니 길한 점이다.

九五 顯比, 王用三驅, 失前禽。邑人不誡。吉。

구오. 궁정 바깥의 친위대와 동등하게 대접한다. 왕은 사냥할 때 세 방향만 사냥감을 몰고 앞쪽으로 달아나는 짐승은 도망가게 둔다. 고을 사람들은 놀라지 않는다. 길하다.

上六 比之无首。凶。

상육. 그들을 우리와 동등하게 대접하면 머리가 없어진다. 흉하다.

비는 괘명이다. 옆으로 나란히 선 두 사람을 그린 글자이다. 니기서 ﾟ능하다, 동등하다는 뜻이 나왔다. 리징츠는 비의 의미가 나란하다, 친하게 지낸다, 빌붙다 세 가지라고 한다. 비괘 효사의 여러 의미를 말한 것일 뿐이다. '원서'를 리징츠는 병서幷筮, 곧 한 가지 사안에 대해 여럿이 동시에 점치는 것이라고 한다. 원 자는 재再의 의미도 있으니 옳은 말이고 고대의 제도도 그러했다. '불영방'은 금문이나 시경, 주례周禮에도 나오는 명사이고 복종하지 않는 나라라는 뜻이다. 순순히 복종하지 않으니 편편찮은 것은 당연하다.

초육 효사: '비지'는 술어-목적어 문형이고 여기서 비 자는 친하게 지낸다는 뜻이라고 리징츠는 본다. '영부'도 술어-목적어 문형이다. 까오헝은 전리품을 독에 가득 채운다고 본다. '종래'를 리징츠는 종사縱使, 곧 '설령 … 하더라도'라는 뜻을 가진 종속접속사로 본다. 옳다. 타它는 본래 독사를 가리키는 말이다. 사蛇의 본래 글자이기 때문에 사 소리도 나는 것은 당연하고 흔히 대명사로 전용해서 썼다. 일상적이지 않은 것, 차이가 있는 것을 가리키는 뜻이다. 그래서 타 자는 사로 읽어야 하고 사事의 통가자인데 사건 가운데 갑작스런 변고를 가리킨다.

육이 효사: '비지'와 '자내'는 술어-목적어 문형이고 두 개의 문

장인 복문이다.

　육삼 효사: '비지'와 '비인'도 두 개의 문장인 복문이다. 리징츠는 비인을 몹쓸 놈이라는 뜻의 명사구라고 본다.

　육사 효사: '외' 자가 한 문장이고 '비지'가 한 문장이다. 리징츠를 따랐다.

　구오 효사: '현비'의 현 자는 육사 효사의 외 자와 같은 의미이다. 그러나 리징츠는 육사 효사의 외가 외국을 가리키고 구오 효사에서 현 자가 한 번 더 나온 것은 궁궐 바깥이라고 본다. 뒤에 이어지는 말이 왕의 사냥이기 때문일 것이다. 일단 리징츠를 유보한다. 리징츠는 유월兪樾을 인용하여 '읍인불계'의 계 자가 해駭의 통가자라고 본다. 그럴 듯하다. 그러나 읍인도 몰이꾼으로 동원할 수 있기 때문에 그들이 틔워 놓은 한쪽을 지키지 않는다고 해도 무방하다.

　상육 효사: 리징츠는 '비지'의 비 자를 빌붙다, 지 자를 접속사 즉卽이라고 본다. 하지만 동등하게 대한다고 해도 무방하다. 머리가 없어진다는 말은 아마 죽임을 당하는 일의 비유일 것이다.

#9 수확과 파종: 소축괘 ䷈

小畜。亨。密雲不雨, 自我西郊。

소축. 제사를 지낸다. 짙은 구름만 끼고 비가 오지 않는 것은 우
리 서쪽 교외에서 시작한다.

初九 復自道, 何其咎。吉。

초구. 돌아올 때 길을 따라 오는데 무슨 허물이 있겠는가. 길하다.

九二 牽復。吉。

구이. 수레를 끌고 돌아온다. 길하다.

九三 輿說輻, 夫妻反目。

구삼. 수레에서 바큇살이 빠지고 부부가 서로 미워한다.

六四 有孚, 血去惕出, 无咎。

육사. 포로를 잡는다. 걱정이 지나가도 경계심이 생기면 허물이
없다.

九五 有孚攣如, 富以其鄰。

구오. 포로를 잡아 단단히 묶고 복은 자기 이웃과 함께 나눈다.

上九 既雨既處, 尚德載。婦貞厲。月幾望, 君子征, 凶。

상구. 비가 내리다가 그치기를 반복하니 아직 모종을 심을 수 있다. 부인이 물으니 위태롭다는 점이다. 달이 보름에 가까울 때 군자가 멀리 떠나는 일은 흉하다.

소축은 괘명이다. 축 자는 본디 현 자를 두 개 쓴 꼴이었다. 현 玆 자가 전田 위에 있는 꼴이다. 유목 시대에 풀밭 위의 가축들을 가리키는 말이겠지만 나중에는 농작물 재배로 의미가 확장된다. 소축괘에는 농작물 재배가 나온다. 대축괘가 목축을 주제로 한 것과 대조적이다. 리징츠는 축 자를 축적하다, 기르다 등으로 풀이한 것을 모두 잘못이라고 본다. 참고할 만하다. 까오헝은 '소축형'이라고 읽으면서 작은 제물로 제사를 지낸다고 본다. 그렇다면 소축이란 괘명 다음에 다시 반복되었어야 하는데 탈락된 것인지도 모를 일이지만 별로 타당해 보이지 않는다. 소축괘 효사들은 모두 농업, 특히 수확과 그에 이은 파종을 그리고 있다. '밀운불우'를 리징츠는 농작물 재배 기간의 가뭄 현상이라고 생각하지만 그보다 수확기의 날씨를 묘사한 것으로 이해하는 편이 좋겠다. 오히려 수확기에 비가 오는 것이 걱정이다.

초구 효사: '복자도'에서 복 자와 자 자는 모두 술어이다. 자 자는 전치사가 아니다.

구이 효사: 견 자는 글자대로 소가 수레를 끄는 모양이다.

구삼 효사: 설 자는 탈 자의 통가자이다. 앞서 이미 설명했다.

육사 효사: '혈거척출'에서 혈 자를 리징츠는 휼恤의 통가자라고 한다. 타당하다. 수확 장면이 갑자기 포로를 잡는 전투 장면으로 전환했다. 아마도 수확기의 약탈 행위와 관련되어 있을 것이다. 까오헝은 뒤쪽 혈거척출 때문에 앞쪽 유부의 부 자를 부浮의 통가자로 보고 벌을 받는다고 풀이한다. 혈 자가 그대로의 뜻을 아닐 것이다.

구오 효사: 육사 효사에 이어 포로가 등장한다. '연여'는 형용사형이다. 부 자를 리징츠는 복福의 통가자라고 본다. 복 자는 본디 위쪽에 면宀 자가 있는 형태였다. 부 자도 면 자가 위에 있는 형태이고 복畐 소리가 같다. 부유함이 축복이라는 생각이 담겨 있을 것이다. 여기서 부라고 읽든 복이라고 읽든 모두 주제어이고 여 자의 통가자인 이 자가 술어이다. 증여 개념이다.

상구 효사: '기우기처'에서 '旣 … 旣 …' 형은 동시 진행을 표시

하는 구조 부사어이다. 처 자는 지止의 통가자이다. '상덕재'가 골치 아픈 문형이다. 일단 리징츠를 따라 상 자는 부사어, 덕 자는 득 자와 통가자이니 조동사로 보고 재 자는 재裁의 통가자라고 본다. 전체가 술어인 문장이다. '월기망'에서 기 자는 앞서 설명한 것처럼 '거의 …하려 하다'는 의미이다. 망 자는 보름달을 가리킨다. 까오형은 정 자가 모두 천자가 제후를 치는 경우라고 한다. 춘추필법에 따른 생각이라 여겨지지만 과연 그럴까. 상구 효사는 네 가지 점사를 엮은 것이다.

#10 호랑이 꼬리를 밟는 꿈: 이괘 ䷉

[履]. 履虎尾, 不咥人。亨。
[이]. 호랑이 꼬리를 밟았는데 사람을 물지 않았다. 길하다.

初九 素履。往, 无咎。
초구. 평소처럼 밟는다. 간다면 허물이 없다.

九二 履道坦坦。幽人貞吉。
구이. 밟는 길이 평평하고 넓다. 감옥에 갇힌 사람이 물으니 길하다는 점이다.

六三 眇能視, 跛能履。履虎尾, 咥人。凶。武人爲于大君。

육삼. 애꾸눈도 잘 보고 절름발이도 잘 걷는다. 호랑이 꼬리를 밟

으니 사람을 문다. 흉하다. 무인이 임금을 위해 일한다.

九四 履虎尾, 愬愬。終吉。

구사. 호랑이 꼬리를 밟고 두려워한다. 결국 길하다.

九五 夬履。貞厲。

구오. 경망스럽게 밟는다. 점을 물으니 위태로운 점이다.

上九 視履, 考祥其旋。元吉。

상구. 살펴서 밟아 보고 상세히 비교하길 반복하네. 크게 길하다.

[이]는 괘명이다. 본래 탈락된 글자인 것 같은데 다른 괘의 예

에 따라 되살리는 것이 맞다고 생각한다. 호랑이 꼬리를 밟았는

데 물지 않을 이치가 없다. 따라서 이괘 괘사를 꿈을 풀이한 몽

점이라 보는 리징츠의 의견이 맞을 듯하다. 그러나 비유와 상상

의 세계에서 꼭 꿈이 아니라고 봐도 상관없다. 어차피 취생몽사 아닌가.

초구 효사: 본래 흰 비단을 뜻하는 소 자는 여러 가지 의미로 전용된다. 여기서도 꼬집어 말하기 어렵다. 구이 효사의 의미에 견주어 부사어로 보는 것이 일단 타당할 듯하다. 많은 풀이가 있지만 입에 맞지 않는다. 부사어 소 자는 본래대로 뜻이고 정상 상황을 가리키는 것이 맞을 듯하다. 이괘는 전체적으로 정상과 비정상을 대조하는 괘로 읽어도 좋을 것이다.

구이 효사: '이도탄탄'에서 탄탄은 형용사형이고 술어로 쓴 것이 맞을 것이다. '유인'을 리징츠는 감옥에 갇힌 사람이라고 본다. 옳다.

육삼 효사: 이괘 전체가 비유로 가득한 괘이기 때문에 이것도 그렇게 보는 것이 좋겠다. '묘능시 파능리'에서 능 자는 조동사로 보아도 되고 그저 동사로 보아도 상관없다. 비정상적인 상황을 묘사하는 말이다. 뒤에 이어지는 문장은 괘사와 반대 상황이다. '무인위우대군'에서 무인은 당연히 호랑이로 상징되는 사람일 테고 대군은 제후를 가리킨다. 우 자가 문제인데 굳이 쓴 것을 무시하고 풀이할 것이 아니라 살려서 풀이하는 쪽이 나을 듯하다.

구사 효사: '이호미'는 반복되고 뒤에 형용사형 '색색'이 문장으로 제시된다. 색색은 부러워하는 모양을 가리킨다. 앞에 붙여 읽는 것이 옳다.

구오 효사: '쾌리'의 쾌 자를 리징츠는 쾌快의 통가자라고 본다. 그러나 육삼 효사에 견주어 결趹의 통가자라고 봐도 좋을 듯하고 그러면 발이 아픈데도 걷는다고 해도 무방할 듯하다. 점사도 좋지 않으니 말이다.

상구 효사: 장법이 문제가 되는 효사이다. 까오헝처럼 '시리고 상'으로 문장을 끊는 경우가 많다. 여기서는 리징츠의 장법을 따른다. 시리는 각각 술어이다. '고상기선'의 기 자를 리징츠는 접속사 이 자라고 보았다. 그러면 보어는 상기선이 되는데 선 자를 풀이하기가 쉽지 않다. 기 자를 접속사라 하는 것보다 시경의 예를 따라 '상기'를 형용사형으로 보아 고 자의 보어라고 하고 선은 고 자에 이은 두 번째 문장의 술어라고 하는 편이 차라리 낫겠다.

#11 조금 잃고 많이 얻는다: 태괘 ䷊

泰。小往大來。吉亨。

태. 작은 것을 잃고 큰 것은 가진다. 길하고 형통하다.

初九 拔茅茹, 以其彙。征, 吉。

초구. 꼭두서니를 뽑아서 종류대로 가린다. 멀리 떠나는 일은 길하다.

九二 包荒, 用馮河, 不遐遺。朋亡, 得尚于中行。

구이. 박 속을 비워 황하를 건널 때 쓰는데 물에 떨어지지 않았다. 재물이 없어졌지만 가는 길에 도움을 얻는다.

九三 无平不陂, 无往不復。艱貞, 无咎。勿恤, 其孚于食, 有福。

구삼. 오르막 없이 평지만 있는 법은 없고 돌아오지 않고 가기만 하는 법은 없다. 가뭄에 대한 점은 허물이 없다. 걱정하지 말고 식량에 대해 스스로 믿으면 복이 생긴다.

六四 翩翩, 不富以其鄰, 不戒以孚。

육사. 허풍만 치고 복은 자기 이웃과 함께 나누지 않다가 경계하지 못하고 포로가 된다.

六五 帝乙歸妹, 以祉。元吉。

육오. 제을이 딸을 시집보내니 복이 생긴다. 크게 길하다.

上六 城復于隍, 勿用師, 自邑告命。貞吝。

상○. 성벽이 마른 해자로 무너진다. 작전을 펼치기 이롭지 않을 때 고을에서 명령이 온다. 점을 물으니 부끄럽다는 점이다.

태는 괘명이다. 태 자는 통한다, 좋다는 의미이다. '소왕대래'에서 왕 자와 내 자는 각각 실과 득을 가리킨다. 불리와 이로 번역할 수 있겠다. 이어서 나오는 비괘와 짝을 이뤄 선후의 득실을 이야기한다.

초구 효사: '발모여'에서 모여가 무엇인지 말들이 많았다. 자리를 만들거나 하는 데 쓰는 띠라는 이름을 가진 풀이라는 주장이 대세를 이룬다. 하지만 리징츠의 견해는 다르다. 모여는 두 가지 이름인데 같은 식물을 가리키는 말이다. 모는 모수茅蒐, 여는 여려茹藘의 축약형이다. 붉은 빛깔 물감을 얻는 풀인데 고대부터 귀하게 여겼다. 훗날 천초茜草 또는 천초蒨草라고 부르는 풀이다. '이기휘'에서 이 자는 여與 또는 유有의 통가자이고 술어이다. 휘는 모은다는 뜻이지만 대명사이면서 관형어 기 자 때문에 명사이고 목적어이다. 종류라는 뜻이다. 모여를 띠로 보면 제사와 관련된 것이고 꼭두서니로 보면 염료 무역 또는 비유로 볼 수 있다. 리징츠는 '발모여 이기휘'를 당시 속담이라고 보지만 근거는 제시

하지 않았다.

구이 효사: '포황'에서 포 자는 포匏의 통가자, 황 자는 공空의 의미라고 리징츠는 본다. 이어 나오는 말과 연관해서 볼 때 일리가 있다. 포황을 더러운 것을 싼다고 풀이한 경우가 많은데 초구 효사의 모여를 따라고 본 사람들이다. 기가 막히다. 제수를 얹기 위해 띠를 쓴다는 점을 생각한다면 황 자를 더러운 것이라 보는 것은 문제가 있다. 춘추좌전 등을 볼 때 풍 자가 붕朋의 통가자인 것은 일치된 견해이다. 강을 건너려면 배 따위가 필요한데 고대에는 박을 썼다는 기록이 분명히 존재한다. '득상우중행'에서 상 자를 리징츠는 돕는다는 뜻으로 본다. 뒤쪽에서 상 자는 대부분 그렇게 풀이한다. 까오헝은 역경에서 상 자가 모두 상賞, 부 자가 모두 벌 받는다는 뜻의 부罰의 고대 문자라고 본다. 일률적으로 말하기 힘들다. '중행'은 길을 가는 도중이란 의미이지 춘추전국시대의 중항씨 순림보를 가리키는 말이 아니다.

구삼 효사: '간정'에서 간 자의 글자꼴을 보면 왼쪽 부분이 본래 가뭄을 표시하는 글자이다. 설문해자는 한嘆이라고 쓴다. 리징츠는 일관되게 간 자를 가뭄이라는 의미로 풀이한다. '기부우식'에서 부 자는 믿는다는 의미이다.

육사 효사: '편편'은 형용사형이고 보통 새가 날갯짓하는 모양

을 가리킨다. 리징츠는 편편이 편편編論의 통가라고 본다. 리징
츠를 따른다. '불무이기린'에서 부 자를 리징츠는 앞서 설명한
것처럼 복으로 풀이한다. 불복은 재앙을 입는다는 뜻으로 이해
하지만 그렇지 않다. '불계이부'의 이 자는 접속사 이 자의 통가
자이다.

육오 효사: 역사적 사실에 대한 기록일 것이다. 제을은 은나
라 마지막 왕인 주왕의 아버지이다. 주나라 문왕과 통혼한 기록
이 있다. 시경 대명大明 시도 참고하라. '귀매'에서 귀 자는 시집간
다는 의미이고 매 자는 누이가 아니라 딸을 가리킨다. '이지'에서
이 자는 유有의 통가자이다. 어느 쪽이 복을 받았는지는 글쎄.

상육 효사: '성복우황'에서 황 자는 물이 없는 해자를 가리킨다.

#12 많이 잃고 조금 얻는다: 비괘 ䷋

[否]。否之匪人。不利君子貞。大往小來。

[비]. 그것을 그르친 것은 우리가 아니다. 군자에 대한 점은 이롭
지 않다. 큰 것을 잃고 작은 것을 가진다.

初六 拔茅茹, 以其彙。貞吉。亨。

초구. 꼭두서니를 뽑아서 종류대로 가린다. 점을 물으니 길한 점이다. 형통하다.

六二 包承, 小人吉, 大人否亨。

육이. 부엌에 고기가 있다면 소인은 길하다. 대인은 그렇지 않더라도 형통하다.

六三 包羞。

육삼. 부엌에 맛있는 것이 있다.

九四 有命, 无咎。疇離祉?

구사. 명령을 받고 허물이 없다. 누가 복을 받을 것인가?

九五 休否! 大人吉。其亡其亡, 繫于苞桑。

구오. 그른 일을 하지 마라! 대인은 길하다. 망하게 생겼구나, 망하게 생겼어. 낭창한 뽕나무 덤불에 매어 놓았구나.

上九 傾否! 先否, 後喜。

상구. 뒤집어져 글렀다! 우선 글렀더라도 (잘못을 고치면) 나중에 기쁘다.

[비]는 괘명이다. 앞의 이괘와 같은 사례이다. 괘사의 문형은 비괘比와 비슷하다. '비지비인'에서 비지와 비인은 두 개의 문장이다. 리징츠는 지 자를 위胃의 통가자라고 본다. 앞의 비 자가우선 부정사이기 때문인 듯하다. 참고할 만하다. 많은 원시부족들이 우리 아닌 이들을 짐승이라 부르고 자신들만 사람이라 부르는 것처럼 비인의 인은 우리라고 하는 것이 적당할 듯하다. '대왕소래'는 태괘의 '소왕대래'와 반대말이다.

초육 효사: 태괘 초구 효사를 참고하라. '정길'과 '형'을 리징츠는 다른 점사라고 한다.

육이 효사: 태괘 구이 효사의 '포황'은 주어-술어 문형이다. 여기 '포승'도 주어-술어 문형이다. 그러나 리징츠는 여기 포 자를 포庖의 통가자로 보는 점이 다르다. 승 자를 까오헝과 리징츠는 증脀 자의 통가자라고 본다. 아마 육삼 효사와 관련시켜 이렇게 이해한 것 같다. 까오헝이 태괘의 포 자를 부엌이라 이해한 것과 달리 리징츠는 비괘의 포 자를 부엌으로 이해하고 있다. 그러나 어쩌면 육이 효사의 포승을 술어-목적어 문형으로 이해할 수도 있을 듯하다. 이것은 승承 자를 통가하지 않고 그대로 이해하

기 위해서이다. 이렇게 이해하면 '하사받은 것을 싼다'라고 옮길 수 있다. 소인과 대인은 서로 짝이 되는 말이다. 소사와 대사가 짝이 되듯 말이다. 그러면 우리는 대인의 원래 개념을 짐작할 수 있다. 대사가 전쟁과 제사이니 대인의 원래 개념은 전쟁과 제사에 종사하는 사람을 가리키는 말이 아닐까.

육삼 효사: 수 자는 수繸 자의 본래 글자이다. 수 자에도 본래 드린다는 의미가 있다. 그래서 승 자와 어울리고 리징츠와 달리 술어-목적어 문형으로 이해해도 되겠다. 리징츠는 '소인길 대인 비형'이라는 육이 효사의 말이 생략되었다고 본다. 괜찮다.

구사 효사: 명을 리징츠는 앞서처럼 상을 내리는 명령이라고 풀었다. 육이, 육삼 효사를 보면 타당할 듯하다. '주리지'에서 주 자는 고대어에서 의문 대명사이다. 리 자는 려麗, 라羅 등의 통가자이다. 모두 붙는다는 뜻이다.

구오 효사: '휴비'에서 휴 자는 금지를 표시하는 동사이다. 쉰다, 멈춘다는 뜻에서 파생되었다. '기망기망 계우포상'은 시어 형식이다. 이런 형태는 시경에 자주 나타난다.

#13 군대를 동원하다: 동인괘 ䷌

[同人]。同人于野。亨。利涉大川。利君子貞。

[동인]. 아주 먼 들판에 사람들을 모은다. 형통하다. 큰물을 건너는 일이 이롭다. 군자에 대한 점은 이롭다.

初九 同人于門。无咎。

초구. 왕의 문에 사람들을 모은다. 허물이 없다.

六二 同人于宗。吝。

육이. 종묘에 사람을 모은다. 부끄럽다.

九三 伏戎于莽, 升其高陵, 三歲不興。

구삼. 빽빽한 수풀에 군사를 숨겨 두고 적이 보이는 높은 곳에 올라가지만 삼년 동안 이기지 못한다.

九四 乘其墉, 弗克攻。吉。

구사. 적의 성벽에 올라탔지만 공격할 수 없다. 길하다.

九五 同人先號咷而後笑, 大師克相遇。

구오. 우리 편이 먼저 울부짖으며 도망치다가 나중에 웃는다. 맞닥뜨린 상대를 주력 부대가 이긴다.

上九 同人于郊。无悔。

상구. 성에서 좀 떨어진 교외에서 사람들을 모은다. 후회가 없다.

[동인]은 괘명이다. 앞서처럼 원래 탈락되었기 때문에 되살렸다. 동인은 현재 명사이지만 여기서는 술어-목적어 문형이다. 동 자는 여기서 취聚의 의미다. 리징츠는 시경의 사례를 인용한다. 수괘의 '술어 + 于 + 목적어'처럼 '술어 + 목적어 + 于 + 장소 목적어' 꼴이 여러 차례 나타난다. 야 자는 그냥 들판이 아니라 교郊보다 중심지에서 더 멀리 떨어진 장소를 가리킨다. '이섭대천'과 '이군자정'은 다른 사안에 대한 점사이다.

초구 효사: 리징츠는 주례를 인용하여 문을 왕의 문이라고 본다.

육이 효사: 리징츠는 종을 종묘라고 본다.

구삼 효사: 고릉은 높은 산을 가리킨다.

구오 효사: 여기 동인도 술어-목적어 문형이다. '호도'의 도 자

를 리징츠는 도망친다고 풀이한다. 다른 곳에 나오는 경우에는 본래 의미로 부르짖는다고 하는데 여기서는 문맥을 순조롭게 하기 위한 고심인 듯하다. 참고할 만하다. '대사극상우'의 장법은 여러 가지인데 극 자를 타동사로 본다면 상우는 목적어가 되는 것이 맞다.

상구 효사: 전쟁이 끝난 다음의 장면이다. 적의 성에서 나오는 길에 성에서 멀지 않은 곳에 군대를 모은다. 리징츠는 제사까지 지낸다고 하는데 참고할 만하다. 시경에 나오는 유類나 마禡 같은 것은 전쟁을 치른 뒤에 지내는 제사이다.

#14 추수 감사제: 대유괘 ䷍

大有。元亨。

대유. 크게 형통하다.

初九 无交害! 匪咎; 艱則无咎。

초구. 서로 해를 끼치지 말라. 허물이 아니다. 가뭄이 들더라도 허물이 없다.

九二 大車以載。有攸往, 无咎。

구이. 큰 수레에 그것을 실었다. 어디론가 가야 할 일이 있을 때 허물이 없다.

九三 公用亨于天子。小人弗克。

구삼. 왕의 신하가 천자에게서 잔치를 대접받는다. 소인은 그러지 못한다.

九四 匪其彭。无咎。

구사. 폭염 속의 절름발이 박수이다. 허물이 없다.

六五 厥孚交如威如。吉。

육오. 저기 포로들 목을 꽁꽁 묶었지만 기세등등하다. 길하다.

上九 自天祐之。吉。无不利。

상구. 하느님께서 그들에게 복을 주신다. 길하다. 이롭지 않은 것이 없다.

대유는 괘명이다. 많이 가진다는 의미인데 리징츠는 풍년이라고 본다. 괜찮다.

초구 효사. '투교해'에서 교 자는 부사어이다. 간 자를 리징츠는 계속 가뭄이라고 한다.

구이 효사: '대거이재'는 대유괘가 풍년에 대한 괘라는 점을 보여 주는 것일 수 있다. 이 자는 여기서 전치사이다.

구삼 효사: 공은 주나라 봉건제 위계에서 제후 가운데 최고위를 가리킨다. 용형은 금문 따위에 자주 등장하는 말인데 용향用享과 바꿔 쓰는 말이다. 형 자와 향 자는 통가자이다. 풍년을 기리는 잔치 자리 장면일 것이다. 불극의 극 자는 승勝의 통가자일 것이다. 누린다는 뜻이다.

구사 효사: '비기방'은 얼핏 술어-목적어 문형으로 보인다. 리징츠의 풀이는 기발하다. 비 자는 비睇의 통가자이고 방 자는 우번虞翻의 주석을 따라 왕尫의 통가자로 본다. 기 자는 접속사 이자의 통가자일 것이다. 리징츠는 여기서 상상력을 발휘하여 가뭄이 들었고 박수가 뙤약볕 아래 기우제를 지내는 장면으로 본다. 고증은 정확하지만 장면은 다를 듯하다. 수확기가 보통 마른 계절이라는 점을 생각하면 볕이 쨍한 잔칫날 무당이 굿하는 장면이라고 보아도 무방하다.

육오 효사: '교여'와 '위여'는 형용사형이고 술어이다. 교 자는

교紋의 통가자이다. 궐 자는 지시 대명사이고 부 자는 본래 의미인 포로이다. 추수 감사제에 희생으로 바칠 포로를 잔치 자리에 끌고 나온 장면일 것이다.

상구 효사: '자천우지'는 문형이 독특하다. 아마 이렇게 말하는 것 자체가 복을 가리키는 것이리라. 복을 생략된 주어로 볼 수도 있다. 지 자는 간접목적어일 것이다.

#15 알지만 양보한다: 겸괘 ䷎

謙。亨。君子有終。

겸. 형통하다. 군자는 좋은 결과가 생긴다.

初六 謙謙, 君子。用涉大川。吉。

초육. 군자는 아주 겸손하다. 큰물을 건너는 일이 이롭다. 길하다.

六二 鳴謙。貞吉。

육이. 밝고 지혜롭지만 겸손하다. 점을 물으니 길한 점이다.

九三 勞謙。君子有終。吉。

구삼. 수고스럽지만 겸손하다. 군자는 좋은 결과가 생긴다. 길하다.

六四 无不利。撝謙。

육사. 이롭지 않은 것이 없다. 희생을 무릅쓰고 앞장서지만 겸손하다.

六五 不富以其鄰, 利用侵伐。无不利。

육오. 복은 자기 이웃과 함께 나누지 않지만 침략하는 일에 쓸 때는 이롭다. 이롭지 않은 것이 없다.

上六 鳴謙, 利用行師征邑國。

상육. 밝고 지혜롭지만 겸손하다. 군대가 행군해서 다른 고을과 도시를 정벌하는 일에 쓸 때는 이롭다.

겸은 괘명이다. 겸손한 태도나 그런 행위를 가리킨다.
초육 효사: '겸겸'은 형용사형이다. 굳이 중복하지 않아도 되는데 의미를 강조하기 위해 형용사형을 만든 듯하다. 술어가 되어야 하는데 앞에 둔 것은 주제어이기 때문이다. 군자는 명사 술어라고 보는 것이 타당하겠다.

육이 효사: 명 자를 리징츠는 명明의 통가자라고 본다. 자원과 상관없이 소리가 같기 때문이다. 까오헝은 명名의 통가자로 보고 명성이라 푼다. 참고하라.

구삼 효사: '노겸'은 '명겸'과 같은 구조이다. 까오헝은 노 자를 공功의 의미로 푼다. 참고하라.

육사 효사: 앞의 두 효사와 달리 점사가 앞에 있다. 잘못 도치한 것은 아닌지 의심스럽기도 하다. 다른 점사로 본다면 상관없지만 말이다. 어차피 효사 맨 앞의 육사는 전국시대 이전에는 없었을 가능성이 크기 때문에 '무불리'를 구삼 효사의 '군자유종' 뒤에 놓는 장법을 구사해도 괜찮을 것 같다. 그리고 휘겸 다음은 몽땅 생략해 버린 것일지도 모른다. 이런 사례는 비괘 육이 효와 육삼 효의 관계와 같은 것일지도 모른다. 참고로 붙여 둔다. 휘 자는 휘揮와 같은 글자이다. 떨쳐 일어난다는 뜻인데 리징츠는 전투 상황을 염두에 두고 이해한다. 괜찮다. 까오헝은 휘 자를 위爲의 통가자로 본다. 그리 읽어도 되겠다.

육오 효사: '불부이기린'은 태괘 육사 효사와 같다. 겸괘 전체의 의미를 음미해서 이해해야 할 것이다.

상육 효사: '명겸'이 다시 반복된다. 명철한 지혜가 없다면 겸손은 겸손이 아니라는 점을 다시 강조하려는 편집자의 의도가

담겼을 것이다. '이용행사정읍국'은 육오 효사의 '이용침벌'과 같은 의미일 것이다.

#16 머뭇거림인가 숙고인가: 예괘 ䷏

豫。利建侯行師。

예. 제후를 세울 때와 군대가 행군할 때는 이롭다.

初六 鳴豫。凶。

초육. 낮에 머뭇거린다. 흉하다.

六二 介于石, 不終日。貞吉。

육이. 바위에 끼었으나 해가 저물 때까지 그런 것은 아니다. 점을 물으니 길한 점이다.

六三 盱豫, 悔; 遲, 有悔。

육삼. 생각이 더뎌서 머뭇거리면 후회한다. 행동이 더디면 또 후회한다.

九四 由豫, 大有得, 勿疑。朋盍簪。

구사. 머뭇거리면 재물이 크게 생길 테니 의심하지 말라. 재물과 비녀이다.

六五 貞疾恒不死。

육오. 병에 대해 물으니 병은 오래가도 죽지는 않는다는 점이다.

上六 冥豫: 成有渝? 无咎。

상육. 밤에 머뭇거린다. 일이 그대로 이뤄질 것인가? 또는 변동이 생길 것인가? 허물이 없다.

예는 괘명이다. 예 자는 머뭇거림과 숙고라는 두 가지 뜻이 모두 있다. 역경의 편집자는 태괘와 비괘처럼 겸괘와 예괘를 짝 지웠다. 그래서 머뭇거림과 숙고가 양보처럼 보일 수도 있다. 까오형은 예 자를 싫어한다는 의미로 보지만 글쎄. '건후'와 '행사'는 시간 계열의 사건보다 별도의 사건으로 보는 것이 좋겠다.

　초육 효사: 겸괘와 짝 지운 것을 잘 보여 주는 효사이다. 명 자는 명鳴의 통가자인데 겸괘의 '명겸'과 달리 시간을 가리키는 말로 리징츠는 본다. 명예의 예 자가 부정적 의미인 머뭇거림이라

보기 때문이다. 괜찮다. 리징츠의 판단은 상구 효사 '명예'와 연관시킨 닷이나.

육이 효사: '개우석'의 개 자는 동사이다. 뒤쪽의 진괘 육이 효사에도 개 자가 나오는데 이때는 형용사이다. 예 자가 나오지 않았지만 머뭇거림의 의미를 포함하고 있다. 그것은 우 자 때문이다. 육삼 효사를 보라. 까오헝은 개 자를 개砎의 통가자로 본다. 계사전 하편에 나오는 공자의 풀이를 따랐다. 그러나 어차피 역전은 고대 언어를 그대로 반영하지 않고 새로 풀이한 것이기 때문에 군이 그렇게 보지 않아도 된다.

육삼 효사: 우 자는 우肝, 우汪, 서稰 등과 통가자인데 모두 있다는 뜻의 동사 우竽의 계열자이다. 있는 시간이 길어지면 머뭇거리는 일이 되기 때문이다. 맨 뒤의 '유회'에서 유 자는 우又의 통가자라고 리징츠는 본다. 괜찮다.

구사 효사: '유예'를 리징츠는 유예猶豫와 같은 말이라 본다. 괜찮다. '대유득'의 득 자는 목적어이다. 리징츠는 득 자의 고대 자형이 손에 조개를 쥔 모양이라는 점을 들고 있다. 괜찮다. '붕합잠'에서 합 자는 합㧁의 통가자이다. 리징츠는 조개 장식을 붙인 비녀라고 하나의 명사구로 보았지만 합 자를 접속사로 보면 조개 꿰미와 비녀 두 가지 사물로 볼 수도 있다. 까오헝은 합 자를

합噬의 통가자, 잠을 참寢의 통가자로 본다. 붕 자를 친구라고 보기 때문이다.

육오 효사: 갑작스럽게 병점이 나온다. 병이 오래 끌어서 판단이 서지 않기 때문에 한 곳에 묶었을 것이다.

상육 효사: 명은 어둡다는 뜻이고 초육 효사와 짝을 이룬다. '성유투'의 성 자를 까오형은 성城의 통가자로 본다. 참고할 만하다. 그래도 성유투는 정반 의문문 형태로 보는 것이 맞을 듯하다. 유 자는 우又의 통가자이고 혹或으로 다시 통가될 수 있다.

#17 캐러밴과 전쟁: 수괘 ䷐

隨。元亨, 利貞。无咎。

수. 크게 형통하고 이로운 점이다. 허물이 없다.

初九 官有渝。貞吉。出門交有功。

초구. 여관에 변고가 생긴다. 점을 물으니 길한 점이다. 자기 동네를 나설 때 서로 도우면 좋은 결과가 생긴다.

六二 係小子, 失丈夫。

육이. 어린 녀석은 잡았지만 나이 든 녀석은 잃어버렸다.

六三 係丈夫, 失小子。隨有求得。利居貞。

육삼. 나이 든 녀석은 잡았지만 어린 녀석은 잃어버렸다. 캐러밴은 얻으려고 하는 것이 생긴다. 거주에 대해 물으니 이로운 점이다.

九四 隨有獲, 貞凶。有孚在道, 以明, 何咎。

구사. 캐러밴은 수익이 생기지만 점을 물으니 흉한 점이다. 길에서 이익이 생길 때 함께 맹약을 맺는다면 무슨 허물이 있겠는가.

九五 孚于嘉。吉。

구오. 유가에서 포로를 잡았다. 길하다.

上六 拘係之, 乃從維之。王用亨于西山。

상육. 그들을 잡아 매어 두었다가 곧 그들을 줄줄이 끌고 온다. 왕이 서산에서 제사를 지낸다.

수는 괘명이다. '원형 이정'은 이미 설명한 대로다. 건괘 이외에 원형과 이정을 괘사에 기록한 괘들이 몇 개 더 있는데 수괘도 그중 하나이다. 리징츠는 수괘를 상인들이 상단을 꾸려 무역에 나선 장면이라고 한다. 괜찮다.

초구 효사: '관유투'에서 관 자는 관館의 본래 글자이다. 관청이나 관리라는 의미는 이보다 나중에 나온 의미이다. 리징츠는 여관으로 보는데 까오헝은 관청으로 본다. 여기서는 리징츠를 유보한다. 투 자는 수괘가 왜 예괘 다음에 나오는지 이해할 수 있는 단서이다. 역경의 편집자는 상수역의 관점과 달리 괘가 둘씩 엄격하게 짝을 이룬다는 생각하지는 않은 듯하다. 전국시대 문헌에 자주 나타나는 서술 방식의 하나인 연주문聯珠式으로 이해하는 것이 좋을 듯하다. '출문교유공'에서 문은 왕의 문은 아닐 것이다. 주체가 상인이니 말이다. 마을마다 마을 문이 있었던 것은 고대의 상례이고 따라서 마을 문으로 보는 것이 타당하다. 교 자는 대유괘 초구 효사 '무교해'처럼 부사어이다.

육이 효사: 리징츠는 수괘의 상단이 노예상이라고 본다. 묵던 곳에 변고가 생길 때 어린 노예는 잡았는데 나이 든 노예는 잡지 못했다고 본다. 꼭 그렇게 볼 것은 아니지만 참고할 만하다.

육삼 효사: 육이 효사와 반대 장면이다. '수유구득'에서 유 자를 리징츠는 위爲의 통가자로 보고 재물을 찾는 것이 상단의 '목적'이라고 본다. 하지만 유 자를 원래대로 이해해도 문제는 없

다. 시간 계열로 이해하는 편이 낫겠다.

구사 효사. ~~육삼~~ 효사의 유 자를 여기서 증명할 수 있다. 리징츠는 '유부재도'의 부를 이익이라 본다. 그러나 노예라고 봐도 무방하다. 명 자를 리징츠는 맹盟의 통가자로 본다. 괜찮다.

구오 효사: 부 자가 자주 등장해서 그런지 부 자가 들어가는 다른 사건을 편집해 넣었다. '부우가'는 전형적인 '술어 + 于 + 목적어' 형태이다. 따라서 목적어는 장소를 가리키는 말일 가능성이 가장 크다. 리징츠가 가 자를 유가有嘉라는 주나라 초기의 적대국으로 이해한 것은 일리가 있다. 리징츠는 서른 번째 괘인 이괘 상구 효사와 같은 사건이라고 본다. 까오헝은 부 자를 역시 벌받다로 이해하고 가 자를 가례嘉禮로 이해한다. 글쎄.

상육 효사: 구오 효사와 이어지는 사건이다. 그러면 '구계지'의 지 자와 '내종유지'의 지 자는 포로를 가리키는 대명사일 것이다. 왕이 누군지는 명확하지 않지만 해석자들은 대부분 주나라 문왕이라 본다. 까오헝은 종 자를 종縱의 통가자, 유 자를 유遺의 통가자라고 본다. 그리고 주나라 문왕의 사실이라고 확신한다고 말한다. 좀 지나친 느낌은 있지만 참고할 만하다. '용형'은 용향이고 잔치와 제사를 동시에 가리키는 말일 것이다. '서산'은 주나라의 서쪽 산, 곧 기산岐山을 가리킨다.

#18 아버지의 일을 잇다: 고괘 ䷑

蠱。元亨。利涉大川。先甲三日, 後甲三日。

고. 크게 형통하다. 큰물을 건너는 일이 이롭다. 갑일 사흘 전부
터 갑일 사흘 후까지이다.

初六 幹父之蠱, 有子考。无咎。厲, 終吉。

초육. 아버지의 일을 잇는 것이 효자이다. 허물이 없다. 위태롭
더라도 결국 길하다.

九二 幹母之蠱, 不可貞。

구이. 어머니의 일을 잇는 것은 안 된다는 점이다.

九三 幹父之蠱, 小有悔, 无大咎。

구삼. 아버지의 일을 이을 때 조금 후회가 있더라도 큰 허물은 없다.

六四, 裕父之蠱, 往見吝。

육사. 아버지의 일을 빛나게 만들려고 하지만 해보면 부끄러움
을 당한다.

六五, 幹父之蠱, 用譽。

육오 아버지의 일을 이어서 명예를 누린다.

上九 不事王侯, 高尚其事。

상구. 왕이나 제후를 섬기지 않고 자기 일을 높이 친다.

고는 괘명이다. 고 자는 고故의 통가자이다. 고故 자는 다시 사
事의 통가자이다. 역전의 하나인 서괘전도 고 자를 사事라고 한
다. 따라서 우번도 그렇지만 이정조李鼎祚도 아버지가 뜻한 일을
계승한다고 풀이한다. 이런 해석은 송나라 때부터 바뀌는데 고
자를 아버지의 잘못惡이라고 풀기 시작한다. '선갑삼일 후갑삼
일'은 기간을 점친 별도의 점사이다. 해석이 분분하지만 갑골문
등의 예를 따르면 갑을 중심으로 하는 어떤 일이 있을 때 기간을
표현하는 방식이다. 갑일 사흘 전은 신일辛日이고 갑일 사흘 후는
정일丁日이다. 모두 이레 동안이다. 주나라 사람들의 기간 분절과
부합한다. 은나라 때는 열흘이 단위였다. 뒤쪽의 손괘 구오 효사
도 함께 참고하라.

초육 효사: 간 자는 관貫의 통가자이다. 관 자는 습習의 의미도
있다. 고 자는 효孝의 통가자이다.

구이 효사: '간모지고'는 문형이 초육 효사와 같다. 모계제에서 부계제로 이행하는 과정의 저항을 보여 주는 말일 듯하다.

육사 효사: 유 자는 복을 받은 상태를 가리키는 말이다. 광아廣雅는 유 자를 받아들인다는 뜻의 용鏞 자로 본다. 참고할 만하다.

육오 효사: 용형, 용향에서 보듯, 용 자는 향享의 의미가 있다.

상구 효사: 고상은 술어인데 본디 자동사나 형용사가 목적어를 가지면 '…으로 만들다', '…으로 여긴다'는 의미가 된다.

#19 어떻게 통치할 것인가: 임괘 ䷒

臨。元亨。利貞。至于八月, 有凶。

임. 크게 형통하다. 이로운 점이다. 팔월에 이르면 흉한 일이 생긴다.

初九 咸臨。貞吉。

초구. 감응하여 다스린다. 점을 물으니 길한 점이다.

九二 咸臨。吉。无不利。

구이. 감응하여 다스린다. 길하다. 이롭지 않은 것이 없다.

六三 甘臨, 无攸利。旣憂之, 无咎。

육삼. 재갈을 물려 다스린다. 이로운 것이 없다. 그것을 걱정한
다면 허물이 없다.

六四 至臨。无咎。

육사. 몸소 다스린다. 허물이 없다.

六五 知臨。大君之宜。吉。

육오. 지혜롭게 다스린다. 임금이 마땅히 해야 하는 것이다. 길
하다.

上六 敦臨。吉。无咎。

상육. 성실하게 다스린다. 길하다. 허물이 없다.

　임은 괘명이다. 높은 데서 낮은 데를 굽어본다는 뜻이다. 여기
서 통치라는 의미가 파생되었다. '원형 이정'은 이미 설명한 대
로다. 건괘 이외에 원형과 이정을 괘사에 기록한 괘들이 몇 개
더 있는데 임괘도 그중 하나이다. 리징츠는 '원형'과 '이정'을 별
도의 점사로 취급하면서 별도의 설명은 없다. 아마 표점의 잘못

일 것이다. '지우팔월 유흉'을 리징츠는 가뭄에 대한 점이라고 본다. 꼭 그럴 것 같지는 않다.

초구 효사: '감림'의 감 자는 감感의 통가자이다. 함괘와 비교해서 주의하라.

구이 효사: 감림이 다시 반복된다. 조금 뉘앙스가 있는 말이라는 것이 리징츠의 설명이다. 구분할 필요는 그리 없어 보인다. 그는 구이 효사의 감 자가 함諴의 통가자라고 본다. 참고할 만하다.

육삼 효사: '감림'의 감 자는 겸𦳆의 통가자이다. '기우지'의 기 자는 가정을 표시하는 부사어이다.

육사 효사: '지림'의 지 자는 동사의 기본적인 의미이기 때문에 부사어로 옮겨도 무방하다.

육오 효사: '지림'의 지 자는 동사의 기본적인 의미이다. 통치자가 지혜로워야 한다는 것은 유가의 오랜 전통이다.

상육 효사: '돈림'의 돈 자는 돈惇의 통가자이다.

#20 정치를 제사처럼 제사를 정치처럼: 관괘 ䷓

觀。盥而不薦, 有孚顒若。

관. 술은 뿌렸지만 희생은 올리지 않았다. 희생으로 바칠 포로가 있는데 덩치가 크다.

初六 童觀, 小人无咎, 君子吝。

초육. 어린아이가 제사를 주관한다. 소인은 허물이 없지만 군자는 부끄럽다.

六二 闚觀, 利女貞。

육이. 여자가 제사를 주관한다. 여자에 대해 물으니 이로운 점이다.

六三 觀我生進退。

육삼. 우리 친족이 나아가고 물러나는 것을 본다.

六四 觀國之光, 利用賓于王。

육사. 나라의 빛나는 제사에 참례한다. 왕에게 초대받아 동맹을 맺을 때 이롭다.

九五 觀我生, 君子无咎。

구오. 우리 친족을 잘 살피면 군자는 허물이 없다.

上九 觀其生, 君子无咎。

상구. 다른 종족을 잘 살피면 군자는 허물이 없다.

관은 괘명이다. 옛날부터 관괘는 임괘와 짝을 이룬 괘로 이해
했는데 모두 본다는 의미가 있기 때문일 것이다. 임괘는 거의 정
치만 염두에 두고 있지만 관괘는 더 복잡하다. 관괘는 제사 의식
으로 시작해서 정치를 말하는 것으로 장면을 전환한다. 리징츠
가 정치에 관한 괘라고 설명한 것도 이런 이유 때문일 것이다.
정치를 제사처럼, 제사를 정치처럼은 그래서 하는 말이다. 단전
이 관괘를 '신의 길로 정치를 베푼다(以神道設敎)'라고 풀이한 것
은 큰 시사점이다. '관이불천'에서 관 자는 관괘를 표시하는 관
자와 소리가 같다. 정치가 제사이고 제사가 정치라는 생각을 표
현하기 충분한 낱말 이음이다. 어쨌든 관괘의 중심에는 제사가
있다. '관이불천'에서 관 자는 관裸과 같은 글자이고 고수레를 가
리킨다. 천 자는 헌獻과 같은 의미이다. '옹약'은 형용사형이고 보
어로 쓴 말이다. 설문해자는 머리가 큰 모양이라고 했고 리징츠
는 이것을 근거로 희생으로 바친 포로가 흠씬 두들겨 맞아 머리
가 부었다고 한다. 기발한 설명이다.

초육 효사: '동관'은 상당히 이해하기 어려운 말이다. 몽괘의

동몽을 견주어 이해할 수도 있겠다. 아니면 제주가 어리다는 말일 수도 있나. 다음에 나오는 육이 효사는 여자가 제주인 경우를 가리킬 수도 있기 때문이다. 집안을 다스리는 가장, 나라를 다스리는 임금이 제주를 맡는 법이라서 가장이나 임금이 어린 상황을 가리키지는 않을까? 리징츠는 동관을 어리석은 관찰이라고 본다. 그리고 노예를 들먹이는데 비유라도 그럴 법하지는 않다.

육이 효사: '규관'도 마찬가지로 이해하기 어렵다. 동관처럼 부사어-술어 문형으로 이해하면 문틈으로 엿본다고 할 수도 있다. 규 자는 여자들이 거주하는 공간을 구분하는 문이기 때문에 여자에 중점을 두는 것이 좋을 듯하다.

육삼 효사: 생 자를 까오헝과 리징츠는 성姓의 통가자라고 본다. 괜찮다. 다만 까오헝은 벼슬아치라고 본다. 제사 장면에서 동족이 제사의 룰을 잘 따르는지 아닌지 본다는 의미일 것이다. 이것은 정치로도 확대할 수 있다.

육사 효사: 다른 나라의 제사에 참례한다는 의미일 것이다. 성씨가 달라도, 나라가 달라도 참례할 수 있는 제사가 있다. 광 자는 제사의 제유일 것이다. 왕은 당연히 주나라 왕을 가리킨다. 두 가지 점사이다.

구오 효사: 육삼 효사와 비슷하지만 제사 장면이 아닐 수 있다.

상구 효사: '관기생'은 관아생과 관형어만 다르다. 기 자는 삼인칭 대명사(他)이기도 하기 때문에 다르다는 의미가 있다.

#21 겨울 양식을 먹다가: 서합괘 ䷔

噬嗑。亨。利用獄。

서합. 형통하다. 형벌을 쓸 때 이롭다.

初九 屨校滅趾。无咎。

초구. 차꼬를 끌고 가니 발이 보이지 않는다. 허물이 없다.

六二 噬膚滅鼻。无咎。

육이. 살진 고기를 깨무니 코가 보이지 않는다. 허물이 없다.

六三 噬腊肉, 遇毒。小吝。无咎。

육삼. 절여 말린 고기를 씹다가 중독되었다. 조금 부끄럽다. 허물이 없다.

九四 噬乾胏, 得金矢。利艱貞。吉。

구사. 뼈에 붙은 마른 고기를 씹다가 구리 화살촉을 얻는다. 가뭄
에 데헤 믿으니 니토운 섬이다. 길하다.

六五 噬乾肉, 得黃金。貞厲, 无咎。

육오. 마른 고기를 씹다가 구리 화살촉을 얻는다. 점은 위태롭지
만 허물은 없다.

上九 何校滅耳。凶。

상구. 차꼬를 어깨에 져서 귀가 보이지 않는다. 흉하다.

서합은 괘명이다. 서합은 음식을 먹고 마신다는 뜻이다. '이용
옥'은 별도의 사건일 것이다. 20세기 중국의 첸종슈錢鍾書 선생은
서합괘의 서 자를 규괘의 규睽 자와 비교해서 보아야 한다고 말
한다. 규괘가 틈을 벌이는 것을 말하고자 하는 데 비해 서합괘는
틈을 깨트리고 통하게 만드는 일을 말하고자 하기 때문이다. 참
고할 만하다.

초구 효사: '구교멸지'에서 구 자는 누屢 자를 포함하고 있는데
누 자는 예曳와 같은 뜻의 글자이다. 멸 자는 없애 버린다고 할
때는 타동사이지만 부정사로도 쓴다. 부정사일 경우 m/w형 부

정사이기 때문에 무無의 통가로 보아도 무방하다.

육이 효사: 부 자는 가죽 밑에 있고 지방이 많은 살코기를 가리킨다.

육삼 효사: 석육은 납육으로 읽어야 할 듯하다. 베이컨이나 햄처럼 장기 보관을 위해 가공한 고기를 가리킨다. 이어서 나오는 마른 고기는 이와 다르다.

구사 효사: '서건자'에서 자 자는 뼈에 붙은 고기를 가리키는 글자이다. 금시가 구리 화살이라는 것은 앞서 이미 말했다. 리징 츠는 간 자를 가뭄으로 본다.

육오 효사: 여기 마른 고기는 육삼이나 구사 효사의 인위적으로 말린 고기와 달리 가공하지 않고 버려두었더니 저절로 마른 고기일 가능성이 크다. 육이 효사부터 육오 효사까지 고기를 먹는 일이 일관된다. 시간의 흐름에 따라 양식으로 마련한 고기를 먹는 장면으로 파악하는 것이 옳을 것이다. '황금'의 해석이 여럿이다. 앞서 금시와 짝을 이뤄 다른 것으로 파악하려는 시도가 있다. 그러나 여기 황금이란 말은 한나라 때 와야 오늘날처럼 금을 가리키게 되므로 구리 합금으로 이해하는 쪽이 옳겠다. 황금은 의외의 수확을 의미하는 것처럼 보인다. 그래서 구사 효사와 구분해서 이해하는 쪽이 좋다.

상구 효사: 초구 효사처럼 차꼬가 나온다. 하 자는 하海의 통가 자이다. 본디 발목에 차는 것인데 목에 찼으니 비정상이다.

#22 신부를 맞으려면: 비괘 ☲☷

賁。亨。小利有攸往。

비. 형통하다. 어디론가 가야 할 일이 있을 때는 조금 이롭다.

初九 賁其趾, 舍車而徒。

초구. 다리를 꾸민 뒤 수레를 버리고 걸어간다.

六二 賁其須。

육이. 수염을 꾸민다.

九三 賁如濡如。永貞吉。

구삼. 달려가는데 땀에 흠뻑 젖는다. 오랜 기간에 대해 물으니 길 하다.

六四 賁如皤如, 白馬翰如。匪寇, 婚媾。

육사. 달려가는데 해가 이글거린다. 백마는 나는 듯 달린다. 도둑질하려는 것이 아니라 혼인하려는 것이다.

六五 賁于丘園, 束帛戔戔。吝, 終吉。

육오. 언덕에 있는 마당으로 달려가 비단 묶음을 쌓는다. 부끄럽지만 결국 길하다.

上九 白賁。无咎。

상구. 크고 흰 돼지이다. 허물이 없다.

비는 괘명이다. 본래 분이라고 읽지만 주역에서는 비라고 읽는다. 분 자는 세 가지로 의미가 분화된다고 리징츠는 말한다. 글자꼴의 측면에서 패貝가 구성 요소이기 때문에 장식한다는 본래 의미가 나왔다. 소리의 측면에서 훼卉가 구성 요소이기 때문에 달린다는 뜻의 분奔 자와 통가한다. 분奔 자는 다시 분豶 자와 통가한다. 괜찮다. 리징츠는 비괘가 혼인 과정에서 친영親迎에 대한 것이라고 하는데 정확하다.

초구 효사: '비기지'의 비 자는 장식의 의미이다. 지 자는 발꿈치를 가리키지만 리징츠는 다리의 제유라고 본다. '사거이도'에

서 사 자는 앞서처럼 사鬚의 통가자이다. 실컷 꾸미고 걸어가면 깅'닉은 무는 소용 있쎘는가?

육이 효사: 여기 비 자도 장식의 의미이다. 수 자는 수鬚 자의 본래 글자이다. 신랑 수염은 아직 꾸밀 만큼 자라지 못했을 것이기 때문에 장로들이 수염을 꾸민다는 리징츠의 해석은 옳다.

구삼 효사: '분여유여'는 형용사형이다. 분 자는 달린다는 뜻일 텐데 뒤쪽의 유여를 보면 그럴 법하다.

육사 효사: '분여파여'도 형용사형이고 '백마한여'의 한여도 형용사형이다. 파 자는 번燔의 통가자이다. 한 자는 비飛와 동의어이다.

육오 효사: '분우구원'은 '술어 + 于 + 목적어'형이다. 신부 집이 언덕에 있는 모양이다. 문에 들어가지 못하고 마당에 지참금을 쏟아 붓는 장면이다. 지참금은 비단 꾸러미이다. '전전'은 형용사형인데 무더기를 이룬 모양이다.

상구 효사: '백분'은 백분白豶일 것이다. 지참금에 큰 돼지를 더 집어넣은 모양이다.

#23 수레를 만들다가: 박괘 ☲☲

剝。不利有攸往。

박. 어디론가 가야 할 일이 있을 때는 이롭지 않다.

初六 剝牀以足。蔑貞。凶。

초육. 수레를 만들다가 발까지 깨졌다. 꿈에 대한 점이다. 흉하다.

六二 剝牀以辨。蔑貞。凶。

육이. 수레를 만들다가 무릎까지 깨졌다. 꿈에 대한 점이다. 흉하다.

六三 剝之。无咎。

육삼. 수레를 만든다. 허물이 없다.

六四 剝牀以膚。凶。

육사. 수레를 만들다가 살까지 깨졌다. 흉하다.

六五 貫魚, 以宮人寵。无不利。

육오. 물고기를 쏘아 맞추니 궁인도 제사에 참석할 수 있는 영광을 가진다. 이롭지 않은 것이 없다.

上九 碩果不食, 君子得輿, 小人剝廬。

상구. 큰 과일은 먹지 않고 남겨 둔다. 군자는 수레를 얻지만 소

인은 오두막마저 박살난다.

박은 괘명이다. 여러 가지 의미가 있는데 리징츠는 두드리다

擊, 떠나다離, 만들다治의 의미로 생각한다. 괜찮다. 리징츠는 박

괘를 몽점이라고 보는데 이것도 타당하다.

초육 효사: '박상이족'은 흔히 침상이 망가졌는데 다리가 부러

졌다고 이해한다. 납득하기 어렵다. 리징츠의 풀이가 낫다. 박

자는 두드리다, 만든다는 의미이고 이 자는 여輿 또는 급及의 통

가자이다. 나무를 다뤄 물건을 만들 때 가장 흔히 쓴 도구가 자

귀라는 것을 생각하면 박 자를 만든다는 의미로 쓸 수 있을 것이

다. 상 자를 리징츠는 수레라고 본다. 육덕명陸德明이 경전석문經典

釋文에서 언급한 것을 인용하여 리징츠는 '멸정'의 멸 자를 몽夢의

통가자라고 본다. 한다. 괜찮다.

육이 효사: '박상이변'에서 변 자를 왕인지는 편蹁의 통가자라

고 본다. 괜찮다.

육사 효사: 부 자는 글자대로 봐도 괜찮지만 여膚의 통가자로

봐도 좋다. 유월은 부 자가 여 자의 통가자라고 한다. 아마 상구

효사의 '소인박려'와 운이 같아 이렇게 본 모양이다.

육오 효사: 예기 사의射儀 편에 따르면 천자가 제사를 지낼 때 먼저 연못에서 활쏘기를 훈련시키고 나중에 사궁射宫에서 활쏘기를 훈련시켜 명중시킨 사람은 제사에 참례할 자격을 준다고 한다. 육오 효사의 궁인은 평소 궁에서 일하는 낮은 직급의 사람을 가리키는 말이 아니라 사궁에서 활쏘기에 참여한 사람일 수도 있다. 육오 효사는 삽입된 사건인 듯한데 다른 효사들과 어떤 관계인지는 알기 힘들다. 까오헝은 장법이 다르다. '관어이궁인'이라 끊고 이 자를 용用의 통가자로 본다. 참고할 만하다.

상구 효사: '소인박려'는 참 이해하기 힘든 장면이다. 이에 앞서 '군자득여'에서 여 자는 수레가 본래 뜻이지만 여지輿地처럼 땅으로 이해할 수도 있을 것이다. 그러면 박괘의 효사에서 수레를 땅의 은유로 이해할 수도 있지는 않을까 싶다.

#24 여행에서 돌아오다: 복괘 ☷☳

復。亨。出入无疾。朋來无咎。反復其道, 七日來復。利有攸往。

복. 형통하다. 여행할 때 병이 없다. 재물이 생기고 허물이 없다.

길을 오갈 때 이레면 돌아오게 된다. 어디론가 가야 할 일이 있을 때는 이롭다.

初九 不遠復。无祇悔。元吉。

초구. 멀리 가지 않고 돌아오는 것이다. 큰 후회는 없다. 크게 길

하다.

六二 休復。吉。

육이. 아름답게 돌아온다. 길하다.

六三 頻復。厲, 无咎。

육삼. 눈살을 찌푸리며 돌아온다. 위태롭지만 허물이 없다.

六四 中行獨復。

육사. 도중에 혼자서 돌아온다.

六五 敦復。无悔。

육오. 서둘러 돌아온다. 후회가 없다.

上六 迷復。凶。有災眚。用行師, 終有大敗, 以其國君。凶。至于十年不克征。

상육. 길을 잃었다가 돌아온다. 흉하다. 재앙이 생긴다. 군대가 행군할 때 쓰면 결국 크게 패하는 일이 생기고 자기 나라 임금까지 그렇게 된다. 흉하다. 십년 동안 멀리까지 정벌할 수 없는 지경이 된다.

복은 괘명이다. 여행에 관한 점인데 여행 중에 병이 걸릴지 묻는 점도 있고 수익을 거둘지 묻는 점도 있으며 기간을 묻는 점도 있다. '붕래'에서 내 자는 갑골문에 유有의 통가자로 쓰는 예가 많다. 붕은 친구보다 재물일 가능성이 그만큼 높다.

초구 효사: '무기회'에서 기 자는 크다는 뜻이다.

육이 효사: 휴 자가 비괘 구오 효사에서는 금지를 표시하는 동사였지만 여기서는 형용사이고 아름답다는 뜻이다.

육삼 효사: 빈 자는 빈矉의 통가자이다. 육이 효사와 반대인 경우이다.

상육 효사: '유재생'에서 재와 생을 천재와 인재로 나누기도 하는데 굳이 그럴 필요는 없다. 경전석문은 마융馬融을 인용해서 생 자를 재 자로 풀기 때문이다. '이기국군'의 이 자는 여與나 급及의 통가자이다.

#25 나대지 마라: 무망괘 ䷘

无妄。元亨，利貞。其匪正，有眚。不利有攸往。

무망. 크게 형통하고 이로운 점이다. 자신이 옳지 않으면 재앙이 생긴다. 어디론가 가야 할 일이 있을 때는 이롭지 않다.

初九 无妄往。吉。

초구. 함부로 나대지 않으며 간다. 길하다.

六二 不耕，穫; 不菑，畬。則利有攸往?

육이. 밭을 갈지 않아도 수확하며 개간하지 않아도 좋은 밭이 된다니. 어디론가 가야 할 일이 있을 때 어찌 이로울까?

六三 无妄之災: 或繫之牛，行人之得，邑人之災。

육삼. 바라지 않았는데 생긴 재앙. 어떤 사람이 그에게 소를 매어 놓으라고 시켰는데 (소를 도둑맞았다면) 지나가던 사람에겐 얻은 것이지만 고을 사람에겐 재앙이다.

九四 可貞。无咎。

구사. 괜찮다는 점이다. 허물이 없다.

九五 无妄之疾, 勿藥有喜。

구오. 함부로 나대지 않았는데 생긴 병은 약을 먹지 않아도 기쁜 일이 생긴다.

上九 无妄行! 有眚。无攸利。

상구. 함부로 나대지 말고 가라! 재앙이 생긴다. 이로운 것이 없다.

무망은 괘명이다. 무망의 망 자는 경전석문에 따르면 어지럽히다, 바라다 두 가지 의미이다. '기비정'의 기 자는 주어가 분명한데 삼인칭이라기보다 일인칭 재귀대명사로 보는 것이 낫다.

육이 효사: 장법이 중요한 효사이다. 흔히 '경확'과 '치여'를 모두 이어붙이고 단문 두 개라고 이해하지만 리징츠의 장법이 좋다. 이렇게 되면 단문이 네 개가 되고 두 개씩 각각 조건-결과문이 된다. 치 자는 개간한 첫 해의 밭을 가리키고 여 자는 삼 년째 되는 밭을 가리키는 글자이다. '칙이유유왕'을 유월은 칙 자를 기 ㅂ 자 같다고 보고 설의법으로 본다.

육삼 효사: 역시 장법이 중요한 효사이다. 리징츠는 '무망지재'

를 표제어로 이해하고 뒤의 세 문장을 사례로 본다. '혹계지우' 에서 지 자는 산섭 녹석어이고 우 자는 직접 목적어이다. 이러면 사역문이 된다. 여기에는 세 사람이 나온다. 어떤 사람, 그, 지나가던 사람, 고을 사람 넷이지만 어떤 사람과 고을 사람은 동일인인 듯하다. 그는 어떤 사람에게 소를 건네받았고 지나가던 사람이 소를 훔친다. 그는 꾸지람을 듣는 것으로 끝나겠지만 실제 소를 잃어버린 것은 어떤 사람이다. 어떤 사람의 손실이 크다.

　구오 효사: 병점이다. '물약유희'에서 약 자는 동사이다. 기쁜 일이 생긴다는 표현은 주역에 간간이 나오는데 좋은 결과가 생긴다는 말이다.

#26 가축을 기르다: 대축괘 ䷙

大畜。利貞。不家食。吉。利涉大川。

대축. 이로운 점이다. 집에서 밥을 먹지 않는다. 길하다. 큰물을 건너는 일이 이롭다.

初九 有厲, 利巳。

초구. 위태로운 일이 생기니 제사를 지내는 것이 이롭다.

九二 輿說輹。

구이. 수레에서 바큇살이 빠진다.

九三 良馬逐。利艱貞。日閑輿衛。利有攸往。

구삼. 좋은 말들이 교미한다. 가뭄에 대해 물으니 이로운 점이다. 매일 전차 방위전을 숙달한다. 어디론가 가야 할 일이 있을 때는 이롭다.

六四 童牛之牿。元吉。

육사. 수소라면 쇠뿔 가름대를 댄다. 크게 길하다.

六五 豶豕之牙, 吉。

육오. 큰 돼지라면 나무틀을 댄다. 길하다.

上九 何天之衢。亨。

상구. 하느님의 복을 받았다. 형통하다.

대축은 괘명이다. 소축괘가 농작물 재배, 대축괘가 목축에 대한 괘라는 것은 이미 설명했다. 목장은 집에서 먼 경우가 많아

'불가식'이란 말이 나왔을 것이다.

초구 효사: '이사'의 사 사는 사祀의 통가자이다.

구이 효사: 소축괘 구삼 효사와 같은 말이다. 소축괘에 '부부반목'이란 말이 덧붙어 있는 것만 다르다.

구삼 효사: '일한여위'에서 한 자는 한嫺의 통가자이다. 숙련하다는 뜻이다.

육사 효사: 동 자는 동犝의 통가자이다. 지 자를 리징츠는 시경을 인용해서 즉則이라 보는데 괜찮다. 동우가 송아지라고 보면 쇠뿔에 가름대를 지르는 이유를 뿔 모양을 잡기 위해서라고 해도 좋겠다. 그러나 사람들이 다치지 않게 하기 위해서라고 봐도 좋다.

육오 효사: 비괘에 나온 돼지가 여기 나온다. 지 자는 육사 효사와 같다. 아 자를 리징츠는 호互의 동의어라고 보고 호枑 자와 다시 통가한다. 어금니가 엇갈려 나기 때문에 그 모양을 보고 하는 말이다. 아성牙城도 그런 모양이다. 안전을 위한 조치일 것이다.

상구 효사: 하 자는 하荷의 통가자이다. 구 자를 리징츠는 휴休의 해성諧聲 통가자로 본다. 일리가 있다. 휴 자는 상祥의 의미가 있다.

#27 잘 먹고 잘사는 길: 이괘 ䷚

頤。貞吉。觀頤, 自求口實。

이. 점을 물으니 길한 점이다. 잘 먹고 잘살 길을 찾을 때 제 입을
채울 방도를 스스로 찾는다.

初九 舍爾靈龜, 觀我朵頤。凶。

초구. 영검한 너희 거북을 버리고 봉긋한 우리 **뺨**만 쳐다보는구
나. 흉하다.

六二 顚頤, 拂經于丘。頤征, 凶。

육이. 참으로 잘 먹고 잘살려면 언덕에서 밭이랑을 일궈야 한다.
먹고 살려고 남을 정벌하는 것은 흉하다.

六三 拂頤, 貞凶, 十年勿用。无攸利。

육삼. 잘 먹고 잘살 길을 저버리면 점을 물어도 흉한 점이고 십년
동안 이롭지 않다. 이로운 것이 없다.

六四 顚頤, 吉。虎視眈眈, 其欲逐逐。无咎。

육사. 잘 먹고 잘산다. 길하다. 범이 눈을 부릅뜨고 먹이를 노려보다가 재빨리 움직이려고 한다. 허물이 없다.

六五 拂經。居貞吉。不可涉大川。

육오. 밭이랑을 일군다. 거주에 대해 물으니 길한 점이다. 큰물을 건너는 일은 안 된다.

上九 由頤，厲，吉。利涉大川。

상구. 잘 먹고 사는 길을 따를 때 위태롭다가 길하게 된다. 큰물을 건너는 일이 이롭다.

이는 괘명이다. 턱을 가리키는 말이다. 경전석문은 기른다養는 뜻으로 본다. 전통적인 이해 방식이다. 하지만 '관이'를 보면 그저 먹고사는 방법을 가리키는 말은 아닐 것이다. 관괘를 떠올리면 제사나 정치와 연관되리라는 것을 짐작할 수 있다. 리징츠가 관이의 관 자를 그저 관찰, 연구로 이해한 것은 좀 모자란다.

초구 효사: 얼핏 뜬금없는 소리인 듯하다. 사 자와 관 자가 술어이다. 대구가 잘 맞는다. 영귀는 먹을 수 있는 것이 아니다. 정신적인 것이다. 타 자는 꽃봉오리이다. 비유로 쓴 말이다. 관 자

가 제사와 관련되어 있으니 이 말에 어울리는 속담이 생각난다. 젯밥에만 관심 있다.

육이 효사: 리징츠는 '전이'의 전 자를 진眞 소리 때문에 신愼의 통가자라고 생각한다. 해성을 찾은 것은 맞는데 전塡이라 봐도 괜찮을 것 같고 그대로 진眞으로 봐도 좋을 듯하다. '불경우구'에서 불 자를 리징츠는 불刜의 통가자로 본다. 술어이다. 경 자는 목적어인데 경經의 통가자이다.

육삼 효사: 육이 효사와 마찬가지로 불 자가 나온다. 리징츠는 여기서 불 자가 역逆과 동의어라고 본다. 참고할 만하다.

육사 효사: 육이 효사와 같은 말이 나온다. '호시탐탐'은 우리가 아는 그 호시탐탐의 어원이다. 탐탐처럼 '축축'은 형용사형이고 빠르다는 의미이다.

육오 효사: 육삼, 육사, 육오 효의 뜻은 모두 육이 효사에서 나온 것이다.

상구 효사: 유 자는 본래 의미대로다.

#28 마룻대가 휘어지다: 대과괘 ䷛

大過。棟撓。利有攸往。亨。

대과. 마룻대가 휜다. 어디론가 가야 할 일이 있을 때는 유리하다. 형통하다.

初六 藉用白茅。无咎。

초육. 자리는 흰 띠를 쓴다. 허물이 없다.

九二 枯楊生稊, 老夫得其女妻。无不利。

구이. 마른 버드나무에 새싹이 돋듯, 늙은 남자가 어린 아내를 얻는다. 이롭지 않은 것이 없다.

九三 棟橈。凶。

구삼. 마룻대가 휜다. 흉하다.

九四 棟隆。吉。有它, 吝。

구사. 마룻대가 솟았다. 길하다. 변고가 생기면 부끄럽다.

九五 枯楊生華, 老婦得其士夫。无咎无譽。

구오. 마른 버드나무에 꽃이 피듯, 늙은 여자가 젊은 남편을 얻는다. 허물도 없고 명예도 없다.

上六 過涉滅頂。凶。无咎。

상육. 물을 건너다가 정수리가 보이지 않는다. 흉하다. 허물이 없다.

대과는 괘명이다. 대 자는 태_太의 통가자이다. 너무 지나치다
는 뜻이 된다. 저기 뒤쪽에 소과괘가 나온다. 거의 끝무렵인데
이어서 역경의 마지막 세트 기제괘와 미제괘가 나온다. 소과괘
는 말의 잘못을 꾸짖으며 신랄하게 비판하는데 그보다 훨씬 무
거운 괘인 대과괘는 좀 싱겁다. 그러나 소과괘와 짝 지워 대과괘
라고 명명한 편집자의 의도를 찬찬히 생각해 보면 대과괘가 무
겁게 다가온다. 나라의 멸망이랄까, 하여튼 무거운 느낌이다.

초육 효사: '자용백모'에서 자 자를 나중에는 석_藉으로 바꿔 쓰
게 된다. 백모는 띠이다. 태괘나 비괘에 나오는 모여와 다른 것
이다. 여기서 자 자가 사람이 앉는 방석을 가리키는지 들에서 제
사지낼 때 쓰는 것인지 분명하지 않다. 버드나무가 다음에 나오
는 것으로 보아, 들에서 벌어진 일로 보는 것이 좋겠고 꼭 제사
가 아니더라도 선물의 의미는 담겨 있을 것이다.

구이 효사: 구오 효사와 연결되는 말이다. 연애와 관련된 비유
일 지도 모른다. 시경의 연애시에서 띠가 연애 선물을 줄 때 쓰
는 것을 참고하라. 리징츠가 '고양생제'를 시의 수법인 기흥_{起興}이

라고 본 것도 참고하라. 제 자는 이_夷의 통가자이다.

　구삼 효사: '통요'는 괘사에 나오는 말이 반복된 것이다. 지나치다는 뜻이리라.

　구사 효사: '유타'의 타 자는 사_事의 통가자이다. 앞서 설명했다.

　구오 효사: 구이 효사를 참고하라.

　상육 효사: 물을 건넌다는 말을 보면서 기제괘와 미제괘를 떠올린다. 기제나 미제에도 물에 젖는다는 표현이 나오는데 여기선 아예 정수리까지 잠겼다. 역경의 마지막 문장 '실시'를 다시 생각하게 만든다.

#29 구덩이나 감옥이나: 감괘 ䷜

習坎。有孚，維心。亨。行有尚。

습감. 포로를 잡았는데 마음을 사로잡았다. 형통하다. 여행하다가 도움을 얻는다.

初六 習坎, 入于坎窞。凶。

초육. 겹겹의 구덩이에서 구덩이 아래쪽 구덩이로 들어간다. 흉하다.

九二 坎有險, 求小得。

구이. 구덩이는 험하지만 조그마한 이득을 찾는다.

六三 來之坎, 坎險且枕, 入于坎窞。勿用。

육삼. 그것을 구덩이에서 잡는데 구덩이는 험하고 깊다. 구덩이 아래쪽 구덩이로 들어간다. 이롭지 않다.

六四 樽酒, 簋貳, 用缶。納約自牖。終无咎。

육사. 동이에는 술이 담겼고 밥그릇은 둘인데 질그릇을 썼다. 밥을 들이고 술을 푸는 것은 들창문을 통한다. 결국 허물이 없다.

九五 坎不盈, 祇旣平。无咎。

구오. 구덩이가 차지 않자 언덕을 평평하게 만들었다. 허물이 없다.

上六 係用徽纆, 寘于叢棘, 三歲不得。凶。

상육. 질긴 밧줄로 매서 가시덤불에 처박아 뒀다. 삼년이 지나도 얻지 못했다. 흉하다.

습감은 괘명이다. 흔히 감괘라고 하지 습감괘라고 하지 않는다. 왜 이렇게 되었는지 의문스럽다. 습 자는 반복▮의 의미가 있기 때문에 간ㄱㅆㅣㄷㅏ는 낱을 표기한 것인지도 모른다. 만약 그렇다면 감감의 앞쪽 감 자는 괘명이고 뒤쪽 감 자는 '유부'에 연결되는 말일 것이다. 감 자는 구덩이, 함정 따위의 뜻이다. 그러면 '감. 구덩이로 포로를 잡았다'라고 풀이도 달라져야 할 것이다. 일단 일반적인 장법을 따른다.

초육 효사: 여기 '습감'이란 말이 괘사에 이어 다시 나온다. 여기서는 일반적 풀이가 적절한 듯하다. 구덩이 속에 다시 구덩이가 있는 모양 말이다. 마지막 구덩이는 막장이 되겠다. 막장의 의미로도 감괘를 읽을 수 있다.

구이 효사: 리징츠는 '구소득'의 소득이 물고기를 잡는 것이라고 본다. 갑골문 따위의 자료에서 짐승을 잡을 때 대득, 물고기를 잡을 때 소득이라 한 데서 나온 풀이이다. 참고할 만하다.

육삼 효사: '내지감'은 통가 현상을 고려할 때 여러 가지로 이해할 수 있는 말이다. 내 자는 글자대로 읽어도 좋고 유ㅐ의 통가자로 읽어도 좋다. 지 자는 목적어, 감 자는 보어인 것이 틀림없을 것 같다. 그렇다면 '그것을 구덩이에서 잡는다' 해도 좋고 '그것을 구덩이로 끌어들인다'라는 사역문으로 봐도 좋을 것 같다. 리징츠는 지 자를 간다는 뜻의 동사로 본다. 참고할 만하다. 어

쨌든 뒤쪽 문장은 별 이견이 없어 보인다. '감험차침'에서 차 자는 형용사 연결 접속사이고 침 자는 침沈의 통가자이다. 물에 잠겨 있다는 말이다. '입우감담'은 초육 효사와 같다.

육사 효사: 육삼 효사까지의 장면이 바뀌었다. 육삼 효사까지는 구덩이나 함정을 상정한 장면인데 여기는 감옥 장면인 듯하다. 준, 궤, 부는 모두 그릇 이름이지만 준과 궤는 모양을 가리키고 부는 재료를 가리킨다. '납약자유'에서 약 자를 원이뗘는 취한다取는 뜻이라고 본다. 그러면 납과 약이라는 행위가 유를 통한다는 의미가 된다. 유는 들창문인데 고대에는 옆이 아니라 위로 뚫려 있었다고 한다. 감옥이 집이 아니라 구덩이였기 때문이다. 까오형은 약 자를 연문으로 본다. 참고할 만하다.

구오 효사: 리징츠는 감 자가 함정이라고 본다. 경전석문은 정현을 인용해서 지 자를 지坁 자일 것이라고 한다.

상육 효사: '미묵'은 모두 밧줄을 가리키는데 세 가닥으로 꼰 것이 미, 두 가닥으로 꼰 것이 묵이다. '총극'은 가시덤불인데 고대의 감옥은 가시나무를 바깥에 심어 겹겹으로 둘러쌌다. 구圖 자에 감옥의 형태가 남아 있다. 흉凶 자도 이런 상황과 닮은 글자이다.

#30 습격과 흉조에 이은 복수: 이괘 ䷝

離。利貞。亨。畜牝牛吉。

이. 이로운 점이다. 형통하다. 암소를 기르는 일은 길하다.

初九 履錯然, 敬之, 无咎。

초구. 걸음이 어지러워 그것을 경계하니 허물이 없다.

六二 黃離, 元吉。

육이. 꾀꼬리인데 크게 길하다.

九三 日昃之離, 不鼓缶而歌, 則大耋之嗟。凶。

구삼. 해가 기울었을 때의 재난인데 질그릇을 두드리고 노래하지 않으면 늙은이가 혀를 찰 것이다. 흉하다.

九四 突如其來如, 焚如, 死如, 棄如!

구사. 갑작스럽구나, 그들이 오는 것이. 불사르고 죽이고 거꾸로 매달아 놓았구나!

六五 出涕沱若, 戚嗟若。吉。

육오. 큰비 오듯 눈물을 철철 흘리고 마음 아파 혀를 찬다. 길하다.

上九 王用出征, 有嘉折首, 獲匪其醜。无咎。

상구. 왕이 출정할 때 이롭다. 유가에서 머리를 베었지만 사로잡은 것은 그 짐승 같은 놈들이 아니다. 허물이 없다.

이는 괘명이다. 이 자는 여러 가지로 통가된다. 리징츠는 이 자를 이罹의 통가자로 본다. 효사 전체의 의미를 참작했기 때문일 것이다. '축빈우길'을 보면 이괘가 소축괘나 대축괘와 상관 있을지도 모른다.

초구 효사: '이착연'은 주어-술어 문형이다. 착연은 형용사형이고 엇갈린 모양이다. '경지'의 경을 리징츠는 경儆의 통가자로 본다. 일리가 있다.

육이 효사: 황리는 보통 꾀꼬리를 가리키는 말이다. 의미 연관이 약한 것으로 봐서 여러 가지 점사의 자료를 이괘에 모아놓은 것인 듯하다. 리징츠는 육이 효사가 새점이라고 본다. 참고할 만하다. 그러나 다른 관점에서 생각해야 할 듯하다. 이괘의 이 자는 본래 이离 꼴인데 산신이라는 의미도 있다. 이 글자에 새를 가

리키는 추隹 자가 붙은 것이 지금의 이 자이다. 고대 중국인에게 새는 길조와 흉조 두 가지였다. 구삼 효사에 흉한 일이 나오는 것과 대조적으로 쓰기 위한 조치일 수도 있겠다.

구삼 효사: '일측지리'의 이 자를 리징츠는 여전히 재앙으로 이해한다. 육이 효사와 연결시켜 생각할 때 '해가 기울 무렵의 새'라고 읽어도 좋을 듯하다. 흉조였던 모양이라 흉조를 쫓으려는 행동이 뒤따라 나온 것으로 보면 잘 이어진다. 까오헝은 육이, 구삼 효사의 이 자를 신령스런 산짐승으로 본다. 내 뜻과 가깝다. 일단 리징츠를 유보하지만 참고하라. 흉조를 가둔 가시 둥지를 의미하는 구簋 자의 본래 의미를 생각하면 감옥의 의미를 포함하는 감괘에 이어 왜 이괘가 나오고 구삼 효사의 말이 나오는지 이해할 수 있을 것이다.

구사 효사: 형용사가 많이 나온다. 노래 같다는 느낌이다. 어쩌면 흉조를 쫓기 위해 부른 노래일 수도 있겠다는 생각이다. 까오헝은 불효자를 내쫓았는데 다시 돌아오길래 태우고 죽이고 버렸다고 본다. 글쎄. 리징츠의 풀이도 썩 좋아 보이지 않는다. '기여'의 기 자는 갑골문에서 아이를 출산할 때 삼태기에 받는 것을 그린 모양이다. 아이를 삼태기에서 꺼내고 탯줄 따위는 그대로 삼태기와 함께 버리는 민속이 고대에는 흔했다. 리징츠는 아이

를 해치는 것이라 보았지만 갑골문과 금문 풀이에 잘못이 있는 것 같다.

육오 효사: 약 자는 모두 형용사형을 만든다. 구사 효사처럼 육오 효사도 노래 같은 느낌이다.

상구 효사: 습격의 후일담이다. '유가절수'의 유가를 리징츠는 이민족 이름이라고 본다. 앞서 수패 구오 효사에서 설명했다. 참고할 만하다. 그렇다면 위의 습격 사건은 유가가 벌인 일이리라. '획비기추'에서 기 자를 리징츠는 설명하고 있지 않지만 비 자를 피彼의 통가자로 보고 추 자를 무리라고 보는 것을 보아 기 자를 여興의 통가자로 보는 듯하다. 그러나 장법을 살펴보면 획 자를 술어로 보지 않고 비 자를 술어로 보는 편이 더 나을 듯하다.

4장
텍스트 뒤

#31 다치다: 함괘 ䷞

咸。亨。利貞。取女吉。

함. 형통하다. 이로운 점이다. 혼인에는 길하다.

初六 咸其拇。

초육. 엄지발가락을 다친다.

六二 咸其腓。凶。居吉。

육이. 장딴지를 다친다. 흉하다. 거주는 길하다.

九三 咸其股, 執其隨。往, 吝。

구삼. 넓적다리를 다치고 장딴지 근육을 다친다. 간다면 부끄럽다.

九四 貞吉。悔亡。憧憧往來, 朋從爾思。

구사. 점을 물으니 길한 점이다. 사라진 것을 후회한다. 끊임없이 오가는 곳에서 재물은 너를 따르리라!

九五 咸其脢。无悔。

구오. 등살을 다쳤다. 후회가 없다.

上六 咸其輔頰舌。

상육. 볼과 뺨과 혀를 다쳤다.

함은 괘명이다. 주준성朱駿聲은 이렇게 말한다. "함은 함鹹의 고대 문자이고 깨문다嚙는 뜻이다. 구口와 술戌로 구성되어 있는 회의자인데 술은 다친다는 뜻이다." 주준성은 함 자가 함鹹의 통가자라고 본 것이다. 훌륭하다. 술 자는 본래 도끼鉞를 가리키는 글자이다. '취녀'는 앞서 설명했다.

초육 효사: 무 자는 손을 가리키는 부분扌이 있지만 한나라 역

186

학은 발과 관련되었다고 보았다.

구삼 효사: '십기수'에서 집 자를 리징츠는 함 자와 동의어라고 본다. 수 자는 수隋 자가 포함된 글자이기 때문에 장딴지 살을 가리키는 말이라고 리징츠는 생각한다. 그리고 초육, 육이, 구삼 효사를 리징츠는 몽점이라고 하지만 그렇지 않을 수도 있다.

구사 효사: '동동왕래'에서 동동은 형용사형이다. 리징츠는 동동童童과 통가한다고 보는데 성대한 모양이란 뜻이다. 왕숙王肅은 이것에 대해 끊이지 않는 모양이라고 했다. 왕숙의 뜻을 취한다. '붕종이사'에서 문제가 되는 말은 사 자이다. 생각한다는 뜻을 살리면 어떻게 옮기더라도 이해가 잘 되지 않고 어색하다. 사 자를 시경처럼 감탄조사로 보련다.

구사 효사에 처음으로 점사 '회망'이 나온다. 회망은 무슨 뜻일까? 보통 후회가 없다无悔와 같은 점사라고 생각한다. 망과 무가 통가할 수 있는 부정사인 것은 맞지만 문형이 다른 점에 주의해야 한다. 무회의 무는 술어, 회망의 망은 목적어일 것이다. 따라서 무회가 길이라면 회망은 흉이다.

구오 효사: 구사에서 잠시 쉬면서 다른 장면을 삽입했다가 다시 다치는 장면으로 돌아온다. 몸 아래쪽에서 점차 위쪽으로 올라온다.

상육 효사: 보 자는 보輔의 통가자이다. 보협이 하나의 낱말이고 설이 하나의 낱말이다.

#32 선물 체계 또는 상호부조: 항괘 ䷟

恒。亨。无咎。利貞。利有攸往。

항. 형통하다. 허물이 없다. 이로운 점이다. 어디론가 가야 할 일이 있을 때 이롭다.

初六 浚恒。貞凶。无攸利。

초육. 땅을 파는 일이 지속된다. 점을 물으니 흉한 점이다. 이로운 것이 없다.

九二 悔亡。

구이. 사라진 것을 후회한다.

九三 不恒其德, 或承之羞。貞吝。

구삼. (자연이) 은덕을 지속하지 않아 (다른 사람)에게 맛있는 것을 받았다. 점을 물으니 부끄럽다는 점이다.

九四 田无禽。

구사. 사냥하시만 삽은 짐승이 없다.

六五 恒其德。貞婦人吉, 夫子凶。

육오. 은덕을 지속한다. 여자에 대해 물은 점은 길하고 남자에 대해 물은 점은 흉하다.

上六 振恒。凶。

상육. 우레가 지속된다. 흉하다.

항은 괘명이다. 상常의 통가자이다. 항괘는 여러 가지 일을 언급하고 있다. 여행, 준설, 사냥, 폭우 등등. 여러 가지 장면을 모두 항상성, 지속성이라는 키워드로 묶었다. 여기서 항괘의 의미가 나왔을 텐데, 중심을 찾는다면 자연과 인간, 인간과 인간 사이의 선물 체계는 영원할 것이라는 믿음이다. 리징츠는 끄트머리의 '이유유왕'에서 왕 자를 외출, 여기서는 사냥이라고 했지만 근거는 없다.

초육 효사: 괘사 '이유유왕'을 사냥이라고 리징츠가 본 까닭이다. 땅 파는 장면이 이어서 나오는데 여러 가지 땅 파는 일 가운

데 리징츠는 함정을 파는 일이라고 본다. 역시 근거는 없다. 준 자의 구성요소인 준夋 자가 천천히 걷는다는 의미가 있으니 항의 의미와 연결되어 부사어로 쓴 것일 수 있다. 또는 준 자가 고대 중국의 신통기와 관련되었을 가능성도 있다. 순임금도 제준帝俊 신화에서 파생된 신화적 인물로 보기 때문인데 순임금을 이었다 는 우임금과 순임금 때부터 계속된 홍수가 떠오르기도 한다. 홍 수는 물론 하족이 황하 유역으로 이동한 사건 때문에 지리적 관 점이 확장되어 생긴 신화일 수도 있지만 말이다.

구이 효사: 함괘에 이어 회망이 등장한다.

구삼 효사: '불항기덕'의 덕 자가 목적어라는 것은 틀림없다. 덕 자를 리징츠는 득得의 통가자라고 본다. 괜찮다. 하지만 의미 를 음미하면 이것은 자연의 은덕이라는 의미인 덕 자로 보는 편 이 좋다. 리징츠는 사람을 주어로 보았지만 자연을 주어로 보는 편이 좋다. '혹승지수'의 주어는 혹 자이다. 승 자가 술어이고 지 자가 간접 목적어, 수 자가 직접 목적어이다. 비괘 육이, 육삼 효 사의 승 자와 수 자 풀이를 다시 참고하라. 까오헝은 수 자를 모 욕을 당하는 것으로 읽는데 썩 좋지 않다.

구사 효사: 리징츠가 항괘에서 자꾸 사냥을 떠올리는 근거이 다. 그러나 그보다 중요한 것은 항괘가 선물 체계를 말하고 있다

는 점이다.

육오 효사: 구삼 효사와 반대 경우가 나온다. 여기서 '항기덕'의 주어는 자연이 아니라 사람이라고 봐도 괜찮다. '항기덕'과 뒤쪽 문장은 다른 점사이다. 구삼 효사의 '혹승지수'를 포함해서 항괘는 바로 앞쪽 함괘가 자꾸 언급하는 다친 사람을 돕는 상호부조를 표현한 것이 아닐까 싶은 생각도 든다.

상육 효사: '진항'은 초육 효사 '준항'과 해성 통가 관계가 아닐까 의심스럽다. 그렇다면 고대 역사와 관련된 기록일 가능성이 몹시 높아진다. 아직 증거를 찾기 어렵고 리징츠는 진 자를 이정조 등을 좇아 진震이라고 보았기 때문에 일단 유보한다.

#33 은둔자: 둔괘 ䷠

遯。亨。小利貞。

둔. 형통하다. 조금 이로운 점이다.

初六 遯尾, 厲。勿用有攸往。

초육. 완전히 은둔했지만 위태롭다. 어디론가 가야 할 일이 있을 때는 이롭지 않다.

六二 執之用黃牛之革, 莫之勝說。

육이. 황소 가죽으로 그것을 잡아 묶으니 그것을 벗어날 수가 없다.

九三 係遯, 有疾厲。畜臣妾吉。

구삼. 은둔자를 매니 고통이 생긴다. 노비를 기를 때는 길하다.

九四 好遯, 君子吉, 小人否。

구사. 은둔자를 좋아하는 것은 군자에게 길하지만 소인에게 그렇지 않다.

九五 嘉遯。貞吉。

구오. 은둔자를 아름답다 칭찬한다. 점을 물으니 길한 점이다.

上九 肥遯。无不利。

상구. 날아가 은둔한다. 이롭지 않은 것이 없다.

둔은 괘명이다. 본래 둔이라고 읽는데 역경에서는 돈이라고 읽는다. 특별한 이유가 있다기보다 동일한 발음의 괘명이 많다 보니 구분하기 편리하려고 취한 조치일 것이다.

초육 효사: '둔미'에서 리징츠는 둔 자를 술어로, 미 자를 보어로 본다. 미 기를 그는 빙언方들을 인용해 진䥎의 통가자로 본다. 과연 그런지 의심스럽지만 유보한다. 상구 효사의 둔 자도 리징츠는 술어로 본다. 까오헝은 돈을 돈豚이라 생각하고 효사 전체에 일관되게 적용한다.

육이 효사: '막지승탈'에서 설 자를 탈로 읽어야 하는 것은 앞서 설명했다. 목적어 지 자가 부정사와 술어 사이에 있다. 고전기 중국어와 같다. 여기는 은둔이란 말이 직접 나오지 않지만 은둔의 비유는 충분하다. 까오헝은 '집지'의 대명사 지 자를 초육 효사처럼 돼지라고 본다. 집 자는 집緊의 본래 글자라고 본다.

구삼 효사: 육이 효사와 이어지는 효사이다. '유질려'는 다른 효사를 보면 병점이어야 하지만 리징츠는 그렇게 보지 않고 고통과 연관시켜 생각했다. 괜찮다. '축신첩길'의 신첩은 갑골문 이래로 남자와 여자 노예를 각각 가리킬 때 쓰는 글자이다.

구사 효사: 중국에서 언제부터 은둔을 좋아하고 찬미하게 되었는지 분명하지 않지만 여러 기록으로 볼 때 은나라가 멸망하고 주나라가 등장할 은주혁명 무렵부터이지 싶다. 까오헝은 호 자가 어울리지 않는다고 생각해서 선물한다는 뜻으로 본다. 글쎄.

상구 효사: '비둔'의 비 자를 리징츠는 비飛의 통가자라고 본다.

일단 유보한다.

#34 유목 시대의 사건들: 대장괘 ䷡

大壯。利貞。

대장. 이로운 점이다.

初九 壯于趾。征, 凶。有孚。

초구. 발꿈치에 상처가 난다. 멀리 떠나는 일은 흉하다. 이익이
생긴다.

九二 貞吉。

구이. 점을 물으니 길한 점이다.

九三 小人用壯, 君子用罔。貞厲。羝羊觸藩, 羸其角。

구삼. 소인은 힘이 세다며 나서고 군자는 힘이 없다며 사양한다.
점을 물으니 위태로운 점이다. 숫양은 울타리를 들이받다가 자
기 뿔이 걸리게 마련이다.

九四 貞吉。悔亡。藩決不羸, 壯于大輿之輹。

구사. 점을 물으니 길한 점이다. 사라진 것을 후회한다. 울타리가 터져 걸리지 않게 되었지만 큰 수레의 바큇살에 다친다.

六五 喪羊于易。无悔。

육오. 역 땅에서 양을 잃었다. 후회가 없다.

上六 羝羊觸藩, 不能退, 不能遂。无攸利。艱則吉。

상육. 숫양이 울타리를 들이받아 물러나지도 못하고 나아가지도 못한다. 이로운 것이 없다. 가뭄이라면 길하다.

　대장은 괘명이다. 리징츠는 우선 목축에 대한 괘라고 보지만 꼭 그렇지는 않다. 대장의 장 자는 두 가지 의미가 있다. 상傷의 통가자일 수도 있는데 그러면 함괘의 의미와 비슷하다. 나머지는 본래 의미대로 씩씩하다는 전통적인 의미로 푼다.

　초구 효사: '장우지'는 '술어 + 于 + 목적어' 문형이다. 뒤쪽 효사에 여러 차례 나온다. 리징츠는 장 자를 상의 통가자로 본다. 괜찮다. 리징츠는 '정 흉'의 정 자를 사냥이라고 보는데 근거가 확실치 않다.

구이 효사: 점사만 나오고 명사는 나타나지 않는다. 여기 말고도 역경은 여러 군데서 점사만 나오거나 명사 없이 점사로 시작하는 경우가 나타난다. 초, 이, 삼, 사, 오, 상이라는 효사의 표시는 적어도 춘추 이전에는 없었을 것이다. 따라서 나중에 효사를 표시하면서 장법이 흐트러져서 이런 일이 발생했을 수도 있다. 만약 그렇다면 초구 효사 마지막의 '유부'는 어쩌면 본래 구이 효사의 명사였을 수도 있다.

구삼 효사: '소인용장'의 장 자는 씩씩하다, 힘세다는 의미이다. '군자용망'의 망 자는 부정사이다. 두 문장의 의미가 '짐승을 사냥할 때 소인은 힘을 쓰고 군자는 그물을 쓴다'라고 리징츠는 본다. 망 자가 망罔의 통가자이기 때문이다. 뒤쪽에서 비유로 쓴 숫양 장면의 영향이지 싶다. '무식한 게 힘만 세 가지고' 같은 표현이라고 본 것이다. 꼭 그럴 것 같지는 않다. '저양'은 숫양이다.

구사 효사: 구삼 효사와 이어지는 장면이다. 숫양은 울타리가 터지면서 놓여나지만 다시 다치게 된다. 장 자를 상의 통가자라고 보는 리징츠가 옳다.

육오 효사: '상양우역'은 '술어 + 목적어 + 于 + 목적어' 문형이다. 역 자는 적狄의 해성 통가자이다. 태왕 때 역 땅에서 양을 잃은 이야기는 고대 중국에서는 유명한 이야기이다. 리징츠는 유

목 시대에 빈邠 땅에 머물던 주족이 이웃의 이민족에게 괴롭힘을 틩해 설국 기산으로 이주하게 된 사건이라 생각한다. 그러나 왕 귀웨이王國維가 이미 잘 증명한 대로 은나라 조상의 하나인 왕해王 亥 이야기이다. 어쨌든 대장괘는 초기 중국 역사와 관련된 괘라 고 생각할 수 있고 육오 효사 이전의 효사들의 의미도 육오 효사 와 연결해서 생각할 수 있겠다. 뒤쪽의 여괘도 참고하라.

나아가 주역의 편집 원칙에 대해 이렇게 생각할 수도 있다. 역 경 상편이 주로 주나라 건국 이후 한참 세월이 흐른 뒤의 장면들 로 채워져 있는 데 반해, 하편은 주나라 건국 전후의 사건 장면 에 대한 기억은 아닐까 한다. 역경 상편에도 건국을 둘러싼 장면 이 나오는 듯하여, 상편과 하편으로 딱 잘라 나누지는 못하겠다. 이것은 시경의 편집 체제를 떠올리게 한다. 시경 편집 당시에 가 까운 시들을 풍과 아에 먼저 편집하고 건국을 둘러싼 서사시에 해당하는 주송周頌을 뒤쪽에 편집한 것처럼 말이다. 고금古今의 순 서가 아니라 금고今古의 순서가 맞을 것이다.

상육 효사: 여기서 '불능'을 쓴 두 문장의 능 자는 조동사인 것 이 분명하다. 리징츠는 다른 효사와 마찬가지로 간 자를 가뭄이 라 보지만 여기서는 꼭 그렇지 않은 듯하다. 그래도 일단 유보 한다.

#35 착착 진행되는 진격: 진괘 ䷢

晉。康侯用錫馬蕃庶, 晝日三接。

진. 강후는 왕이 하사한 말을 이용해서 많이 번식시켰는데 해가
저물 때까지 여러 번 교미시켰다.

初六 晉如摧如, 貞吉。罔孚裕。无咎。

초육. 진격할까 물러날까 점을 물으니 길한 점이다. 포로를 잡지
않아도 넉넉하다. 허물이 없다.

六二 晉如愁如, 貞吉。受茲介福于其王母。

육이. 진격할까 항복시킬까 점을 물으니 길한 점이다. 자기 할머
니에게 이렇게 큰 복을 받았다.

六三 衆允, 悔亡。

육삼. 노예 부대가 진격하지만 사라진 것을 후회한다.

九四 晉如鼫鼠, 貞厲。

구사. 진격하지만 쥐새끼 같아서 점을 물으니 위태로운 점이다.

六五 悔亡, 失得勿恤。往, 吉。无不利。

뉵오. 사라진 것을 후회한다. 득실은 걱정하지 않는다. 간다면 길하다. 이롭지 않은 것이 없다.

上九 晉其角, 維用伐邑。厲, 吉; 无咎, 貞吝?

상구. 진격해서 겨루는 것은 고을을 토벌할 때 쓰는 것이다. (지금) 위태롭지만 (나중에) 길해질까요? (지금) 허물이 없지만 점을 물으면 부끄러운 점일까요?

　진은 괘명이다. 나아간다는 뜻이지만 진괘는 공격의 단계를 보여 주기 때문에 진격이라고 하는 것이 낫겠다. 강후를 꾸졔깡顧頡剛처럼 구체적 역사 인물인 강숙康叔으로 볼 수도 있지만 훌륭한 임금이라는 일반적인 의미로 볼 수도 있다. 여기서는 꾸졔깡을 따른다. 석 자는 하사한다는 의미인데 여기서는 관형어로 썼다. 번서는 번식시킨다는 의미의 술어이다. '주일삼접'의 주 자를 리징츠는 주周의 통가자로 본다. 주일은 그래서 종일이라는 뜻이다.

　초육 효사: 둔괘 육이 효사와 비슷한 형용사형이 나온다. 하지만 구조는 다른 듯하다. '망부유'의 망 자는 부정사이다. 유부有孚

의 부 자가 명사인 것과 달리 망부유의 부 자는 동사이다.

육이 효사: 초육처럼 역시 형용사형이 나온다. 형태를 반복해서 운율을 만들려는 시도일 것이다. '수여'의 수 자를 까오헝과 리징츠는 추㵼 또는 주逾의 통가자라고 본다. 괜찮다. 뒤쪽 문장의 '왕모'가 문제시되는 낱말이다. 조상신인데 여자인 것은 틀림없다. 리징츠는 진괘의 주체를 무왕이라고 보고 왕모를 무왕 할머니 또는 어머니라고 보지만 까오헝은 강숙이 주인공이라 보는 점이 다르다. 그러나 꼭 구체적 역사 사건이라 볼 이유는 없기 때문에 여자 조상신으로 보는 것이 좋겠다.

육삼 효사: 리징츠는 갑골문을 근거로 중 자를 노예로 편성된 부대로 본다. 좋다. 윤 자를 리징츠는 진琎의 통가자라고 본다.

구사 효사: 여 자는 앞서 형용사형이 아니라 동사 술어이다.

육오 효사: '실득물휼'의 실득은 득실을 바꿔 쓴 말이다. 실 자를 원이뚸는 한나라 역학을 따라 시夨의 오자로 본다. 진琎 자의 위쪽이 본래 두 개의 화살로 구성된 금문 증거를 들어 실득은 시득이고 진나라를 가리키는 말이라 한다. 참고할 만하다.

상구 효사: '진기각'의 기 자를 리징츠는 즉㔉이라 보았지만 접속사로 보아도 무방하다. '유용벌읍'의 유 자는 동사이지만 생각한다는 의미가 아니라 계사가 아닐까? 뒤쪽 문장은 서로 대조되

는 점사이다. 리징츠는 점사로 사용할 수 있는 여기의 모든 말들을 둘씩 짝지워 명사命辭만 있다고 본다. 나는 꼭 그런지 의심스럽지만 일단 리징츠를 따른다.

#36 태양은 지고 뜬다: 명이괘 ䷣

明夷。利艱貞。

명이. 가뭄에 대해 물으니 이로운 점이다.

初九 "明夷于飛, 垂其翼。君子于行, 三日不食。" 有攸往, 主人有言。

초구. "펠리컨이 날아가고 있네. 제 날개를 떨구네. 군자가 길을 가고 있네. 사흘 동안 먹지 못했네." 어디론가 가야 할 일이 있을 때 주인에게 허물이 있다.

六二 明夷, 夷于左股, 用拯馬壯。吉。

육이. 해가 지려고 할 때 왼쪽 넓적다리에 상처가 났다. 말을 끌어올리려다 말이 상처를 입었다. 길하다.

九三 明夷于南狩, 得其大首。不可疾貞。

구삼. 남쪽 사냥터에서 활을 쏴 큰 짐승을 잡았다. 병에 대해 물으면 낫지 않을 거라는 점이다.

六四 入于左腹, 獲明夷之心于出門庭。

육사. 왼쪽 방에 들어갔다가 명이의 심장을 얻어 문밖 뜰로 나온다.

六五 箕子之明夷。利貞。

육오. 기자가 명이로 간다. 이로운 점이다.

上六 不明, 晦。初登于天, 後入于地。

상육. 밝지 않은 것이 어두움이다. 처음에 하늘로 올라갔다가 나중에 땅으로 들어간다.

명이는 괘명이다. 리징츠는 첫째로 펠리컨, 둘째로 활의 이름, 셋째로 활을 쏘다, 넷째로 해가 뜨고 지는 곳의 지명 등 여러 가지 의미를 열거한다. 구체적 역사 사건과 연관된 것으로 보이는 여러 개의 앞쪽 괘들과 명이괘의 육오 효사 때문에 명이괘도 역사 사건과 관련시켜 생각해 왔다. 그러나 꼭 그렇게만 볼 것도 아닌 듯하다. 여러 가지 장면이 명이라는 이름을 가진 괘에 연결되어 있다. '이간정'은 리징츠를 따르는 편이 좋겠다. 태양과 관련 있는 괘이니 더욱 그러하다.

초구 효사: '명이우비' 이하 네 문장은 리징츠의 말대로 민요일 수 있겠다. 앞쪽 두 문장이 기흥에 해당한다. 홍시는 시경에 자주 나타나는 형태라서 거의 분명하다. 리징츠는 초구의 명이를 물새 펠리컨이라 본다. 타당하다. 까오헝은 새라고 보는 점은 같지만 우는 꿩이라 푼다. 다음 우 자는 진행상표지이다. '주인유언'의 언 자는 건愆의 통가자이다.

육이 효사: 여기 명이를 리징츠는 해가 지는 것으로 본다. 일단 유보한다. 까오헝은 초구와 같다. '이우좌고'의 이 자는 이痍의 통가자이다. 앞서 함괘나 대장괘에 부상에 대한 효사가 많았다. '이우좌고' 문장과 '용승마장' 문장을 어떻게 연결시킬지는 문제다. 리징츠는 결과–원인으로 본다. 리징츠는 승 자를 승乘의 통가자로 보지만 잘못이라는 것을 앞서 설명했다. 장 자를 리징츠는 상의 통가자로 본다. 하지만 리징츠와 달리 시간 계열로 보아도 무방하고 장법을 달리해도 된다. 왼쪽 다리의 상처와 말의 부상을 동시로, 우연을 가장한 필연으로 본다는 점이 관건이다. 명이괘에서 왼쪽이 도드라지게 표현된 점은 주목할 만하고 앞으로 더 연구해야 할 문제다.

구삼 효사: '명이'는 술어여야 한다. 문맥을 살펴 활을 쏜다고 보는 리징츠가 낫다. '남수'는 장소여야 마땅하기에 남쪽 사냥터가 맞겠다. '대수'가 과연 짐승일까 문제이다. 만약 대수를 이민족 추장 따위의 사람으로 본다면 앞쪽 명이도 인명이라 보는 편이 낫다. 그러면 우 자는 전치사가 아니라 진행상 표지가 되고 남수가 술어가 된다. 참고하라.

육사 효사: '좌복'의 복 자를 까오헝과 리징츠는 혈疒 아래 복復으로 구성된 글자의 통가자로 본다. 괜찮다. 다음 문장이 문제이다. 장법과 풀이가 많기도 많다. 여기서 명이가 무엇인지 심이 추상 명사인지, 일반 명사인지 우 자의 문법 성분은 무엇인지 해결하기 무척 어렵다. 신화로 이해하는 것이 비교적 타당할 것 같다. 물론 이때도 명이가 무엇인지는 해결되지 않지만 말이다. 리징츠는 명이를 활, 심을 활을 만드는 좋은 목재로 보았다. 그래도 우 자는 해결하지 못했다. 탈락이나 연문 따위를 의심해 본다.

육사 효사의 의미를 이해하기 무척 어려운데 장면 자체만 놓고 보면 외과 수술 장면처럼 볼 수도 있을 것 같다. 그렇다면 복 자는 본래대로 배, 심 자는 심장, 문정은 혈자리로 추정할 수 있는 어떤 부위라고 할 수 있을 것이다. 심장이 몸의 왼쪽에 있다는 점도 이것과 관련이 있는 것은 아닐까? 구삼 효사에 병점이 있는 것도 이것과 관련된 것은 아닐까? 앞으로 연구할 과제이다.

육오 효사: 기자라는 인명이 나온다. 지 자는 본래대로 간다는 의미일 것이다. 그러면 명이는 지명이다. 지 자를 동사 술어로 보지 않고 명사화 표지로 본다면 이야기는 달라진다. 지 자가 명사화 표지일 경우 육사 효사와 연결되어야 하며 '명이지심'처럼 알 수 없는 무엇이다.

상육 효사: '초등우천 후입우지'의 주어는 나타나 있지 않다. 리징츠는 태양일 것이라 추정한다. 그럴 듯하다. 하지만 육사 효사 이후의 장면 전환을 생각하면 이것도 신화 장면일 가능성은 그대로 남는다.

#37 집안의 일상: 가인괘 ䷤

家人。利女貞。

가인. 여자에 대해 물으니 이로운 점이다.

初九 閑有家。悔亡。

초구. 집에서 탈 없이 지낸다. 사라진 것을 후회한다.

六二 无攸遂, 在中饋。貞吉。

육이. 떨어지는 것이 없고 음식 준비하는 곳에 있다. 점을 물으니 길한 점이다.

九三 家人嗃嗃。悔, 厲, 吉。婦子嘻嘻。終吝。

구삼. 집안사람들이 서러워한다. 후회하고 위태롭고 길하다. 부녀자가 히히거린다. 결국 부끄럽다.

六四 富家。大吉。

육사. 집안을 유복하게 만든다. 크게 길하다.

九五 王假有家, 勿恤。吉。

구오. 왕이 가묘에 지피시니 걱정하지 마라. 길하다.

上九 有孚威如。終吉。

상구. 포로를 잡았는데 기세등등하다. 결국 길하다.

가인은 괘명이다. 집안에서 벌어지는 일상을 기록한 괘일 것이다.

초구 효사: 유 자를 리징츠는 우汗의 통가자라고 본다. 괜찮다. 끼오힝이 어𣎆의 농가자라고 한 것은 거리가 멀다.

육이 효사: 수 자를 리징츠는 타墮의 원래 자형이라 본다. 괜찮다. 까오헝도 비슷한 의견이다. '중궤'는 나중에 궤중이라 쓰게 될 형태이다. 궤는 음식에 관한 글자이다.

구삼 효사: '학학'은 형용사형이다. 경전석문은 오오嗷嗷와 통가된다고 보는데 여럿이 서러워 우는 모습이다. '희희'도 형용사형이다. 웃음소리이다.

육사 효사: '부가'는 복가라고 읽어야 하고 부 자가 술어이다.

구오 효사: 유 자를 리징츠는 우의 통가자로 본다. 괜찮다. 술어 가 자가 문제이다. 리징츠는 격이라고 읽는데 격格의 통가자이다. 행차한다는 뜻으로 보지만 격으로 읽을 때 신령이 지핀다는 뜻이라서 죽은 왕인지 살아 있는 왕인지 의문이다. 살아 있는 왕도 신으로 본 것은 마찬가지이니 지핀다고 말해도 무방하다. 가 자는 가묘라고 풀었는데 뒤쪽 췌괘나 환괘를 참고하라.

상구 효사: '위여'는 앞서 설명했다. 제사와 관련된 일이라는 심증을 갖게 하는 말이다.

#38 고독한 여행자: 규괘 ䷥

睽。小事吉。

규. 작은 일은 길하다.

初九 悔亡。喪馬, 勿逐, 自復。見惡人, 无咎。

초구. 사라진 것을 후회한다. 말을 잃었어도 쫓아가지 않았는데 저절로 돌아온다. 못생긴 사람을 만났지만 허물이 없다.

九二 遇主于巷。无咎。

구이. 골목에서 마침 주인을 만났다. 허물이 없다.

六三 見輿曳, 其牛掣, 其人天且劓。无初有終。

육삼. 수레를 끄는데 수레 끄는 소는 용을 쓰고 있고 수레 끄는 사람은 이마에 먹으로 죄명을 박아 넣는 형벌도 받고 코를 베는 형벌도 받았다. 시작은 없지만 결말은 있다.

九四 睽孤, 遇元夫。交孚。厲, 无咎。

구사. 여행자는 외로울 때 마침 절름발이를 만난다. 함께 잡혔다. 위태롭지만 허물이 없다.

六五 悔亡。厥宗噬膚。往, 何咎?

육오. 사라진 것을 후회한다. 그들 종족이 살진 고기를 씹는다.
간다면 무슨 허물이겠는가?

上九 睽孤, 見豕負塗, 載鬼一車, 先張之弧, 後說之弧。匪寇, 婚媾。
往, 遇雨, 則吉。

상구. 여행자가 외로울 때 돼지를 싣고 가는 것을 보고나서 귀신
을 가득 실은 수레도 보았다. 귀신들은 먼저 그에게 활을 팽팽히
당겼다가 나중에 시위를 풀었다. 도둑질하려는 것이 아니라 혼
인하려는 것이다. 가다가 마침 비를 만났다면 길하다.

규는 괘명이다. 가인괘와 규괘를 짝 지은 탓이지만 잡괘전에
서 규를 바깥ぺ이라고 규정한 것을 보면 집을 나선 사람에 대한
괘라고 파악한 것은 옳다. 리징츠는 규 자가 효사에서 모두 명사
로 사용된 것을 주목해서 여행자를 가리키는 말로 본다. 옳다.
일종의 여행 문학이다.

초구 효사: '견악인'이라 읽어야 하고 원래 뜻을 따른다.

구이 효사: 주인이 누구인지 여러 경우를 생각할 수 있지만 주빈의 예절은 여행에서 늘 일어나는 일이기 때문에 자신이 손님, 곧 집을 떠난 사람이라는 이상의 의미는 없다.

육삼 효사: '견여예'의 견 자를 까오헝은 기其의 오자라고 본다. 괜찮다. '기우체'의 체 자를 설문해자는 서𤘘라고 한다. 쇠뿔이 한쪽은 위로 서고 한쪽은 아래로 내린 모양을 말한다. 본래 그런 꼴의 쇠뿔도 있지만 여기서는 생김새와 상관없이 소의 자세를 그린 말이다. '천차의'의 차 자는 형용사에 쓰는 접속사이다. 천 자를 경전석문은 경𩯳이라고 한다. 리징츠는 천 자를 전顚의 통가자로 본다. 옳다.

구사 효사: '원부'의 원 자를 원이뛰는 올兀이라 읽어야 한다고 본다. 따라서 원부는 올부인데 절름발이라는 뜻이다. 괜찮다. 고대 중국에는 절름발이가 많았는데 형벌을 받은 탓이다. 육삼 효사에 코를 잘리는 형벌을 받은 사람이 등장하는데, 의월劓刖은 연속해서 쓸 정도로 가까운 것이다. 육삼에 이어 구사에 올부가 나오는 것은 자연스럽다. '교부'를 리징츠는 절름발이와 여행자가 함께 잡힌 장면으로 이해한다. 부 자를 술어로 본 것인데 괜찮다.

육오 효사: '궐종서부'에서 서부 장면은 앞서 서합괘에도 그대

210

로 나온다. 궐 자는 고대의 삼인칭 대명사이고 종 자는 종족일 것이다.

상구 효사: '규고'가 다시 등장한다. 장면은 아주 생동감 있다. '부도'를 리징츠는 부타負拕의 통가인데 성모의 전환 현상이라고 본다. '재귀일거'가 정말 귀신인지를 둘러싸고 아주 논란이 많은 문장이다. 인간과 신, 귀신이 뒤엉켜 사는 것으로 파악한 고대의 정신세계에서 정말 귀신을 본 것일 수도 있고 리징츠처럼 토템 분장을 해서 귀신처럼 보이는 사람들이라고 할 수도 있을 것이다. 리징츠의 해석이 합리적이지만 역경 해독이 꼭 우리 세계의 상식을 기반으로 할 필요는 없다. '선장지호 후탈지호'의 설 자는 탈로 읽어야 한다. 두 문장 모두 '부사어 + 술어 + 간접 목적어 + 직접 목적어' 문형이다.

#39 오가는 길에: 건괘 ䷦

蹇。利西南, 不利東北。利見大人。貞吉。

건. 서남쪽이 이롭고 동북쪽은 이롭지 않다. 대인을 만나는 것이 이롭다. 점을 물으니 길한 점이다.

初六 往蹇來譽。

초육. 갈 때는 어렵지만 올 때는 편안하다.

六二 王臣蹇蹇, 匪躬之故。

육이. 왕의 신하가 아주 어려운 지경인 것은 자신의 잘못 때문이
아니다.

九三 往蹇來反。

구삼. 갈 때는 어렵지만 올 때는 편안하다.

六四 往蹇來連。

육사. 갈 때는 어렵지만 올 때는 가마를 탄다.

九五 大蹇, 朋來。

구오. 크게 어렵지만 재물이 생긴다.

上六 往蹇來碩。吉。利見大人。

상육. 갈 때는 어렵지만 올 때는 얻은 것이 있다. 길하다. 대인을
만나는 것이 이롭다.

212

건은 괘명이다. 역경의 첫 괘명과 발음이 같다. 서남쪽과 동북쪽을 언급하는 것은 곤괘와 같다. 이것을 근거로 리징츠는 무역할 때의 점이라고 하지만 꼭 그렇지는 않다.

초육 효사: 건 자를 까오형은 바른 말을 뜻하는 건謇의 통가자로 본다. 참고할 만하다. 예 자를 원이뚸는 주走 자와 여與 자가 결합한 글자의 통가자라고 본다. 논어論語에는 '여여여야與與如也'라는 말이 나오는데 여여가 서서徐徐와 같다고 푼 황간皇侃의 말을 원이뚸는 인용한다. 괜찮다.

육이 효사: 건건은 형용사형이다. 강조를 표현한 말이다.

구삼 효사: 반 자를 리징츠는 반반反反과 같은 말이라고 본다. 초육 효사를 견준 견해이다. 까오형은 반 자를 변辯의 통가자로 본다. 참고할 만하다.

육사 효사: 연 자를 리징츠는 연輦의 통가자라고 본다. 일단 유보한다. 초육, 구삼의 용례를 볼 때 이것도 형용사형일 가능성이 있다. 연련은 끊임없이 이어진다連連는 의미도 있고 눈물 흘리는 모양漣漣이라는 의미도 된다. 참고하라.

구오 효사: 내 자는 유有의 통가자로 봐도 괜찮다.

상육 효사: 석 자를 리징츠는 탁拓의 통가자로 보고 방언을 인용해서 취한다는 뜻으로 본다. 그러나 석 자를 본래 의미로 봐도

무방하다.

#40 천천히 가다: 해괘 ䷧

解。利西南。无所往, 其來復, 吉。有攸往, 夙吉。

해. 서남쪽이 이롭다. 가야 할 이유가 없이 간다면 되돌아오는 편이 길하다. 어디론가 가야 할 일이 있을 때는 일찍 가는 편이 길하다.

初六 无咎。

초육. 허물이 없다.

九二 田獲三狐, 得黃矢。貞吉。

구이. 사냥터에서 여우 세 마리를 잡았는데 구리 화살을 얻었다. 점을 물으니 길한 점이다.

六三 負且乘, 致寇至。貞吝。

육삼. 등짐을 지고 마바리를 끌고 가다가 도둑을 불러들이는 지경이 되었다. 점을 물으니 부끄럽다는 점이다.

九四 解而拇, 朋至斯孚。

구사. 발걸음을 미적거리다가 재물이 도착하면 남에게 잡힌다.

六五 君子維有解, 吉。有孚于小人。

육오. 군자가 묶였다가 다시 풀리니 길하다. 소인에게 포로로 잡
힌다.

上六 公用射隼于高墉之上, 獲之。无不利。

상육. 왕의 신하가 높은 담장에 앉은 새매를 쏘아 잡았다. 이롭지
않은 것이 없다.

해는 괘명이다. 이어서 서남쪽이라고 방향을 가리키는 말이
나온다. 앞의 건괘에도 방향을 가리키는 말이 나온다. 짝을 이루
는 괘가 틀림없다. 그렇다면 이어서 이해할 필요가 있다. 시퀀스
가 하나라는 말이다. 해괘의 해 자를 나눈다는 뜻으로 보아도 좋
지만 리징츠는 이 밖에 해解의 통가자라는 점도 지적한다. 참고
할 만하다.

구이 효사: '득황시'의 황 자는 구리 합금을 가리킬 것이다.

육삼 효사: '부차승'의 차 자는 형용사 접속사이다. 동작보다

상태를 묘사하는 말로 이해해야 할 것이다. 까오헝이 물건을 진 채 수레를 탔다고 본 것은 좀 우습다. '치구지'에서 치 자는 타동 사이고 구지가 목적어절이다.

구사 효사: 무 자는 감괘에 나온다. 여기서는 다리를 가리키는 제유법이다. 이 자는 접속사가 아니라 감괘의 문형처럼 기其의 통가자일 듯하다. 사 자를 리징츠는 즉剕이라 보는데 옳다.

육오 효사: '군자유유해'에서 앞의 유 자는 본래 의미이고 뒤의 유 자는 우又의 통가자이다. 또는 앞의 유 자를 계사로 보고 뒤의 유해를 목적어절로 봐도 무방하다.

상육 효사: 활을 쏘는 장면이기 때문에 앞의 구이 효사와 짝지 어 생각해야 한다. 잡았다는 점이 공통적이어서 건괘 상육 효사 도 연결시켜 생각해야 한다.

#41 손해가 손해가 아니야: 손괘 ䷨

損。有孚。元吉。无咎。可貞。利有攸往。曷之用二簋, 可用享。

손. 포로를 잡는다. 크게 길하다. 허물이 없다. 괜찮다는 점이다. 어디론가 가야 할 일이 있을 때 이롭다. 그들에게 밥 두 그릇을 나눠 준다. 그들이 누릴 만하다.

初九 已事遄往。无咎。酌損之。

초十. 제사처럼 큰일에는 빨리 간다. 허물이 없다. 참자해서 정해진 것보다 덜기도 한다.

九二 利貞。征, 凶。弗損, 益之。

구이. 이로운 점이다. 멀리 떠나는 일은 흉하다. 덜면 안 되고 정해진 것보다 보태 주기도 한다.

六三 三人行則損一人, 一人行則得其友。

육삼. 세 사람이 가다가 한 사람을 더는 경우도 있고 혼자 가다가 벗을 얻는 경우도 있다.

六四 損其疾, 使遄有喜。无咎。

육사. 병이 낫게 하려면 제사를 지내게 해야 빨리 기쁘게 된다. 허물이 없다.

六五 或益之十朋之龜, 不克違。元吉。

육오. 어떤 사람이 그에게 십 붕 가치의 거북을 하사했는데 어길 수 없었다. 크게 길하다.

上九 弗損益之。无咎。貞吉。利有攸往, 得臣无家。

상구. 그것을 덜지도 않고 더하지도 않는다. 허물이 없다. 점을 물으니 길한 점이다. 어디론가 가야 할 일이 있을 때는 이로운데 식구가 없는 남자 노예를 얻었다.

손은 괘명이다. 덜어 낸다는 뜻이고 익괘와 한 세트인 괘이다. 방금 건괘와 해괘의 경우나 세트를 이룬 여러 괘들처럼 하나의 시퀀스로 이해해야 한다. 갈 자를 원이뜀는 개恰라고 읽어야 한다고 본다. 비럭질한다는 뜻이다. 공짜를 바란다는 의미는 아니고 증여와 관련된 개념으로 봐야만 한다. 주고받는 방향이 문제이다. 그래야 '가용향'이 그들에게 먹을 자격이 있다는 의미가 될 것이다. 까오형은 갈 자를 엽鰪의 통가자로 제시하는데 일리 있다. 그러나 엽 자보다 합盍이라 보는 쪽이 나을 듯하다. 의미를 파고들면 증여 개념에 귀착되긴 마찬가지이다.

초구 효사: '사사'에서 앞의 사 자는 사祀의 통가자이다. 뒤쪽의 혁괘에도 나온다.

구이 효사: 초구 효사와 반대 장면이다. 손괘가 익괘와 한 세트라는 것은 '익지'라는 말로 증명된다.

육삼 효사: 점사는 아니다. 익괘가 역사 사건을 포함하고 있기

때문에 어떤 구체적 역사 사건의 기록이거나 거기서 얻은 교훈일 가능성도 있다.

육사 효사: 병점이다. 병이 낫거나 심해지는 것을 표현할 때 손익이란 말을 썼다. 외인론 의학 전통 탓이다. 여기서 '사천유희'의 장법에 주의해야 한다. 사 자가 한 문장이고 천유희가 한 문자이다. 사는 시킨다는 의미의 동사이고 여기서는 제사를 지내게 시킨다는 의미일 것이다. 이런 용법은 갑골문에 흔하다.

육오 효사: 손괘인데 익이라는 말이 나온다. 혹이 주어, 익이 술어, 지가 간접 목적어, 나머지가 직접 목적어다. 익 자는 하사하다는 뜻의 석錫과 소리가 가까운 통가자이다. '불극위'의 불 자를 불艹 자로 쓴 판본도 있지만 차이는 없다.

상구 효사: 구이 효사와 같은 말이 나온다. 상구 효사에 대한 리징츠의 장법은 '불손' '익지' 두 문장으로 나눈 구이 효사와 다르게 본다. 괜찮다. '득신무가'에서 무가는 보어이다. 신은 남자 노예를 뜻하는데 노예는 식구 전체를 묶어서 거래했다. 따라서 식구가 없는 남자 노예라는 리징츠의 말은 일리가 있다.

#42 이익이 이익이 아니야: 익괘 ䷩

益。利有攸往。利涉大川。

익. 어디론가 가야 할 일이 있을 때는 이롭다. 큰물을 건너는 일
이 이롭다.

初九 利用爲大作。元吉。无咎。

초구. 큰 공사를 하는 데 쓰는 것이 이롭다. 크게 길하다. 허물이
없다.

六二 或益之十朋之龜, 弗克違。永貞吉。王用享于帝。吉。

육이. 어떤 사람이 그에게 십 붕 가치의 거북을 하사했는데 어길
수 없었다. 오랜 기간에 대해 물으니 길하다. 왕이 하느님에게 제
사를 지낸다. 길하다.

六三 益之用凶事。无咎。有孚, 中行告公用圭。

육삼. 그것을 보태 흉한 일에 쓴다. 허물이 없다. 포로를 잡는다.
왕의 신하에게 규를 쓰라고 도중에 고한다.

六四 中行告公從, 利用爲依遷國。

육사. 군이 낭팅을 따르라고 도중에 고한다. 은나라가 나라를 옮기도록 하는 데 쓰는 것이 이롭다.

九五 有孚, 惠心勿問。元吉。有孚, 惠我德。

구오. 포로를 잡았지만 마음을 어루만졌을 뿐이지 위문품을 주지 않았다. 크게 길하다. 포로를 잡아 우리 덕을 베풀었다.

上九 莫益之, 或擊之。立心勿恒。凶。

상구. 우리에게 보태 주지 않고 어떤 사람이 우리를 친다. 마음을 단단히 먹어도 지속하지 못한다. 흉하다.

익은 괘명이다. 손괘 괘사를 참고하라.

초구 효사: '위대작'이 목적어절이다. 대작은 대규모 토목공사나 건축공사를 가리킨다. 리징츠는 주나라 역사를 인용하여 태왕, 문왕, 주공 삼대에 걸친 대규모 공사를 가리킨다고 보지만 꼭 그럴 필요는 없다. 하지만 토목이나 건축을 하기 전에 점을 친 것은 사실이다. 익 자의 글자꼴이 기단 위에 앉은 큰 건물 모양으로 생긴 데서 나온 말인지도 모른다. 참고하라.

육이 효사: 손괘 육오 효사가 반복된다. 리징츠는 두 문장의 중점이 다르다고 지적하고 상서 대고大誥를 인용해서 풀이하는 데 적절하다. '왕용향우제'는 수괘 상육 효사를 참고하라. 제는 여기서 하느님이나 조상신을 가리킨다.

육삼 효사: '흉사'는 여러 가지가 있는데 리징츠는 익괘 전체가 주나라 건국 과정과 관련지어 생각하면서 무왕의 죽음이라고 본다. 참고할 만하다. '중행고공용규'의 중행도 역시 인명이 아니다. 공을 리징츠는 주공이라고 보지만 꼭 그렇지는 않다. 흉사를 무왕의 죽음과 연결시키는 바람에 용규를 제사 지내라는 말로 리징츠는 이해하지만 이것도 꼭 그렇지는 않다.

육사 효사: 육삼 효사와 비슷한 말이 나오지만 다른 장면이다. 육삼 효사에서 용규가 목적어절이듯, 여기서 종 자가 목적어절이다. '이용위의천국'이 핵심적인 문장인데 이것을 바탕으로 리징츠 등은 익괘가 주나라 초기 역사라는 확신을 가졌을 것이다. 위 자는 피동문을 만드는 기능이다. 의 자를 까오형과 리징츠는 은殷의 통가자라고 본다. 상서 등 많은 문헌의 증거가 있기 때문이다. 참고할 만하다.

구오 효사: 혜 자가 두 번 나온다. 어루만진다는 뜻이지만 본래 의미는 시혜, 증여 등이다. 문 자는 위문품에서 볼 수 있다시

피 거저 주는 행위를 가리키기도 한다. 역시 증여 행위이다. '혜
이덕'에서 딕 사노 <ruby>特</ruby>의 농가자이지만 증여의 의미로 이해해야
한다. 아 자는 간접목적어이다.

상구 효사: '막익지'에서 지 자는 간접목적어이다. 직접목적어
는 부정사 막과 술어 익 사이에 생략되어 있다. 간접목적어는 우
리를 뜻하는 구오 효사의 아 자를 받는 말이다. 마음이라는 말이
구오 효사에 이어 나온다. 주나라 사람들의 사고방식을 이해할
수 있는 실마리이다. 은주교체를 겪은 주나라 사람들은 천명에
항상성, 지속성이 없다는 점을 절실하게 깨달았다. 그래서 하느
님이 변덕을 부린다는 생각을 가지게 되었을 것이다.

#43 빠르다: 쾌괘 ䷪

夬。揚于王庭。孚號"有厲"。告自邑: "不利卽戎。" 利有攸往。

쾌. 왕의 뜰에서 무무를 춘다. "위태로운 일이 생겼다"라고 부르
짖는다. 고을로부터 소식이 왔다. "이롭지 않으니 전쟁을 준비하
라." 어디론가 가야 할 일이 있을 때는 이롭다.

初九 壯于前趾。往, 不勝爲咎。

초구. 앞쪽 발꿈치에 상처가 났다. 간다면 이기지 못하는 허물이다.

九二 惕號, 莫夜有戎。勿恤。

구이. 놀라서 부르짖는데 저녁부터 밤까지 전투가 벌어진다. 걱정하지 마라.

九三 壯于頄。有凶。君子夬夬獨行, 遇雨若濡, 有慍。无咎。

구삼. 광대뼈에 상처가 났다. 흉한 일이 생긴다. 군자는 서둘러 혼자 가다가 마침 비를 만나 젖는 바람에 성난 기색이다. 허물이 없다.

九四 臀无膚, 其行次且。牽羊悔亡, 聞言不信。

구사. 엉덩이에 살이 없어서 가려고 해도 가지 못한다. 양을 끌고 가면 사라진 것을 후회하게 된다. 잘못을 따지지만 설명하지 못한다.

九五 莧陸夬夬中行。无咎。

구오. 가는 뿔을 가진 산양이 길에서 재빨리 뛴다. 허물이 없다.

上六 无號, 終有凶。

'잉육. 부르짖시노 뭇하고 결눅 흉한 일이 생긴다.

쾌는 괘명이다. 쾌快의 본래 글자인데 쾌 자는 즐겁다, 빠르다의 의미가 있다. '양우왕정'에서 양 자는 술어이다. 리징츠는 예기 악기樂記를 인용해 무무武舞라고 본다. 괜찮다. 까오헝은 장면을 다르게 본다. 양 자를 까오헝은 상詳의 통가자로 본다. 심문한다는 뜻이다. 참고할 만하다. '부호유려'는 장법이 갈린다. 부호와 유려를 끊을 수도 있다. 리징츠는 부호를 호호呼號라고 본다. 괜찮다.

초구 효사: 구삼, 구사 효사와 같이 대장괘를 연상시킨다. 장 자는 상의 통가자이다. 지는 발꿈치를 가리키는데 전 자가 이상하다. 지 자는 제유법이지 싶고 전 자는 점사에서 시간을 기록한 말이지 싶다. '불승위구'의 위 자를 리징츠는 지之의 통가자로 본다. 그러면 명사 술어가 되는데 일단 유보한다.

구이 효사: '척호'는 괘사의 '부호'와 연결시켜 생각하는 것이 좋겠다. 막 자는 모暮의 본래 글자이다.

구삼 효사: 대장괘의 효사처럼 생긴 문형이 나온다. 쾌쾌는 형용사형이고 부사어이다. 서두르는 모양이다. '우우약유'의 약 자

를 리징츠는 접속사 이而의 통가자로 본다. 괜찮다. 여如 자에서 다시 통가한 것이다.

구사 효사: '기행차차'에서 차차는 자저趑趄의 통가이다. 걷기 힘든 모습을 가리킨다. '문언불신'에서 문 자를 리징츠는 문聞의 통가자라고 본다. 옳다. 언 자는 건愆의 통가자이다. 신 자는 신伸의 통가자이다.

구오 효사: '현륙'을 비름이라는 풀로 보는 해석이 많다. 설문해자를 따라 현 자를 가는 뿔을 가진 양으로 보고 육 자는 육踛의 통가자라 보는 것이 좋다.

#44 외출해서 누굴 만날까: 구괘 ䷫

姤。女壯。勿用取女。

구. 여자가 다친다. 혼인에는 이롭지 않다.

初六 繫于金柅。貞吉。有攸往, 見凶。羸豕孚蹢躅。

초육. 구리로 만든 물레 손잡이에 실이 걸렸다. 점을 물으니 길한 점이다. 어디론가 가야 할 일이 있을 때 흉한 일을 만난다. 바싹 마른 돼지가 갓 낳은 새끼에게 젖을 먹인다.

九二 包有魚。无咎。不利賓。

구이. 부엌에 물고기가 있나. 허물이 없다. 혼인에는 이롭지 않다.

九三 臀无膚, 其行次且。厲, 无大咎。

구삼. 엉덩이에 살이 없어서 가려고 해도 가지 못한다. 위태롭지만 큰 허물은 없다.

九四 包无魚。起凶。

구사. 부엌에 물고기가 없다. 움직이면 흉하다.

九五 以杞包瓜, 含章, 有隕自天。

구오. 호랑가시나무를 감쌌네 조롱박이. 아름다움을 품었지만 머리 꼭대기로부터 떨어지는 일이 생긴다.

上九 姤其角。吝, 无咎。

상구. 혼인하지만 맞붙어 싸운다. 부끄럽지만 허물이 없다.

구는 괘명이다. 后의 통가자인데 媾와 다시 통가한다. 정현은 외출점이라고 보고 결혼도 관련되었다고 본다. 리징츠는 혼인과 무관한 괘라는 혐의를 두고 있는 듯하다. 참고할 만하다. '여장'의 장 자는 상의 통가자일 것이다. 앞의 쾌쾌와 짝 지은 괘라서 이런 해석도 무방하다.

초육 효사: '금니'를 까오형은 구리 실패라고 풀이하지만 리징츠처럼 구리로 만든 물레 손잡이가 옳지 않을까. '이시부척촉'은 장법이 여러 가지이지만 리징츠의 장법이 좋다. 부 자를 유월은 유乳의 통가자로 본다. 척촉은 해성 연면사連綿詞인데 걸음이 제 맘대로 안 되는 모습을 가리키는 형용사다. 리징츠는 마른 어미 돼지가 젖을 먹이느라 걸음이 맘대로 안 된다는 의미로 보았지만 척촉을 새끼 돼지, 목적어로 보는 것이 좋겠다.

구이 효사: 포 자는 포庖의 통가자이다. '불리빈'의 빈 자를 리징츠는 빈嬪의 통가자라고 본다. 리징츠는 원이뛰를 인용해서 물고기가 혼인의 상징이라는 점을 강조한다. 일단 유보하지만 빈의 본래 의미로 봐도 무방하다는 점을 부기한다.

구삼 효사: 쾌쾌 구사 효사와 같은 말이 나온다.

구사 효사: 구이 효사와 짝 지어 이해해야 한다. '기흉'의 장법이 문제이다. 흉 자가 판단하는 말이기 때문에 기와 흉을 모두 술어로 보고 두 개의 문장으로 보는 쪽이 나을 듯하다.

구오 효사: '이기포과'에서 이 자는 여如의 통가자이다. 술어-

목적어가 주제어로 나오면서 주어가 뒤에 있다. 기 자는 호랑가시나무를 가리키는 글자이다. 기 자가 가리키는 식물이 여러 가지이지만 시경의 사례를 비교해 보면 호랑가시나무가 맞겠다. 포과는 포과匏瓜의 통가이다. 리징츠는 조롱박도 물고기처럼 혼인의 상징이라고 본다.

상구 효사: '구기각'에서 구 자를 리징츠는 구媾의 통가자로 본다. 기 자가 문제이다. 진괘 상구 효사와 같은 문형이다. '진기각'의 기 자를 리징츠는 즉卽이라 보았지만 여기선 접속사 이의 통가자로 본다. 괜찮다.

#45 초췌하다: 췌괘 ䷬

萃。亨, 王假有廟。利見大人。亨, 利貞。用大牲吉。利有攸往。

췌. 제사를 지내는데 왕이 종묘에 지피신다. 대인을 만나는 것이 이롭다. 형통하고 이로운 점이다. 큰 희생을 써서 길하다. 어디론가 가야 할 일이 있을 때는 이롭다.

初六 有孚不終, 乃亂乃萃, 若號。一握爲笑, 勿恤。往, 无咎。

초육. 포로를 잡았지만 끝까지 가지 않는다. 어지러운 동시에 파

리해져서 고함도 지른다. 킥킥거리며 웃으니 걱정하지 마라. 간
다면 허물이 없다.

六二 引吉。无咎。孚乃利用禴。

육이. 오랫동안 길하다. 허물이 없다. 포로를 바쳐야만 봄 제사
를 지내기 이롭다.

六三 萃如嗟如。无攸利。往, 无咎, 小吝。

육삼. 초췌해서 혀를 찬다. 이로운 것이 없다. 간다면 허물이 없
겠지만 조금 부끄럽다.

九四 大吉。无咎。

구사. 크게 길하다. 허물이 없다.

九五 萃有位。无咎。匪孚。元永貞。悔亡。

구오. 자리에 초췌하게 있다. 허물이 없다. 포로가 아니다. 오랫
동안 크게 길하리라는 점이다. 사라진 것을 후회한다.

上六 齎咨涕洟。无咎。

상육. 한숨 쉬며 눈물콧물을 흘린다. 허물이 없다.

췌는 괘명이다. 췌 자는 췌萃 또는 췌顇의 통가자이다. 형 자를 까오헝도, 리징츠도 제사를 지내는 것으로 본다. '왕격유묘'로 읽는 것이 맞겠다. '형 이정'의 형 자를 리징츠는 형통하다로 본다. 괜찮다. 여기 형 자를 연문衍文으로 보는 축도 있다. '대생'은 소를 가리킨다. 고대의 예법이 그렇다. 짝을 이룬 다음 승괘의 의미를 보면 췌괘는 하강의 이미지라고 봐도 좋겠다.

초육 효사: '약호'의 약 자를 리징츠는 접속사 이의 통가자로 본다. '일악위소'에서 일악을 원이뛰는 익악嗌喔 또는 이악咿喔과 같은 말로 본다. 좋다.

육이 효사: '인길'은 뒤쪽 태괘의 '인태'와 비슷한 말일 것이다. 영정길永貞吉이나 이영정利永貞 같은 점사와 같은 뜻이리라는 리징츠의 말을 참고하라. 기간을 점치는 일은 흔하다. '선갑삼일'이나 '선경삼일' 등의 점사를 참고하라. '부내이용약'의 약은 제사의 하나이다. 간단히 지내는 제사라고 단순히 말할 수 없는 고유명사이다. 봄 제사냐 여름 제사냐 갈리지만 일단 고문경을 따라 봄 제사라고 보겠다.

육삼 효사: 형용사형이 나온다. 리징츠는 구오, 상육 효사와

연관된 것이라 보지만 굳이 말하자면 상육 효사와 관련된 효사
일 것이다.

구오 효사: '췌유위'의 유 자를 리징츠는 우于의 통가자로 본다.
일리 있다. 췌가 술어이다.

상육 효사: '재자'는 자차咨嗟와 동의어이고 고대어형이다.

#46 상승하다: 승괘 ䷭

升。元亨。用見大人。勿恤。南征吉。

승. 크게 형통하다. 대인을 만나는 것이 이롭다. 걱정하지 마라.
남쪽으로 멀리 떠나는 일은 길하다.

初六 允升。大吉。

초육. 전진하며 높아진다. 크게 길하다.

九二 孚乃利用禴。无咎。

구이. 포로를 바쳐야만 봄 제사를 지내기 이롭다. 허물이 없다.

九三 升虛邑。

구삼. 텅 빈 고을에 올라간다.

六四 王用亨于岐山。吉，无咎。

육사. 왕이 기산에서 제사를 지낸다. 길하다. 허물이 없다.

六五 貞吉。升階。

육오. 점을 물으니 길한 점이다. 계단을 오른다.

上六 冥升，利于不息之貞。

상육. 밤에 오르는데 멈추지 않는 일에 대한 점에서 이롭다.

승은 괘명이다. 오른다는 본래 의미이다. '용견대인'은 건괘 구이 효사의 '이견대인'과 같은 말이다. '남정'에 역사 사건을 결부시키는 해석이 많은데 굳이 그렇게 보지 않아도 무방하다.

초육 효사: '윤승'의 윤 자는 진괘 육삼 효사를 참고하라.

구이 효사: 췌괘 육이 효사와 같은 말이 나온다.

구삼 효사: '허읍'이 구체적인 지명인지 일반 명사인지는 알 수 없다.

육사 효사: 문형은 수괘나 익괘의 효사와 같다. 구체적 지명이

나올 뿐이다.

상육 효사: 명 자는 밤을 가리키는 말이다.

#47 감옥: 곤괘 ䷮

困。亨。貞大人吉。无咎。有言不信。

곤. 형통하다. 대인에 대한 점을 물으니 길한 점이다. 허물이 없
다. 잘못이 있지만 설명하지 못한다.

初六 臀困于株木, 入于幽谷, 三歲不覿。

초육. 몽둥이로 볼기를 맞고 감옥에 들어가서 삼년 동안 보지 못
한다.

九二 困于酒食, 朱紱方來。利用享祀。征, 凶。无咎。

구이. 술과 음식에 곤란을 겪는데 노란빛이 도는 붉은 옷을 입은
사람이 마침 온다. 제사를 지내는 일은 이롭다. 멀리 떠나는 일은
흉하다. 허물이 없다.

六三 困于石, 據于蒺藜, 入于其宮, 不見其妻。凶。

234

육삼. 가석에서 조리돌림을 당하다가 가시나무 사이에 웅크리고 있나. 자기 집에 들어갔지만 자기 아내를 만나지 못한다. 흉하다.

九四 來徐徐。困于金車。吝, 有終。

구사. 느릿느릿 온다. 함거에 갇혔다. 부끄럽지만 좋은 결과가 생긴다.

九五 劓刖, 困于赤紱, 乃徐有說。利用祭祀。

구오. 코를 베는 형벌과 발꿈치를 베는 형벌을 받았다. 짙은 붉은 빛 옷을 입은 사람에게 갇혔다가 천천히 벗어나는 일이 생긴다. 제사를 지내는 일은 이롭다.

上六 困于葛藟, 于臲卼。曰動, 悔有悔。征, 吉。

상육. 칡넝쿨과 울짱에 갇혀 있다. 움직인다면 후회하고 또 후회한다. 멀리 떠나는 일은 길하다.

곤은 괘명이다. 곤란을 겪는다고 해도 좋고 감옥에 갇힌 것이라 해도 좋다. '유언불신'은 앞서 설명한 적이 있다.

초육 효사: 쾌괘와 구괘에도 엉덩이가 등장한다. 곤 자는 우

자 때문에 피동 술어가 되었다. 곤괘는 비록 감옥 장면이지만 수
동성의 범주라고 생각하는 편이 좋다. 유곡은 앞서 유인에 대한
설명을 참고하라. 삼년을 보지 못한다는 말은 주례에도 규정이
있다. 상죄, 곧 가장 중한 죄에 해당할 때이다.

구이 효사: '주불'이 무엇인지 풀이하기 어렵다. 리징츠는 설문
해자를 근거로 붉은 옷을 입은 이민족이라는 뜻으로 보고 이민
족의 침략으로 보았다. 까오형은 주불이 천자부터 공경까지 앞
치마의 색깔이고 구오 효사의 적불이 제후부터 대부까지 앞치마
색깔이라고 본다. 참고할 만하다. 하지만 불 자가 발被의 통가자
이기도 하지만 발犮로 구성된 글자 가운데 재계의 뜻을 가진 것
이 많기 때문에 상식적으로 이해할 때 형리라고 볼 수도 있고 어
떤 종교적 상징일 수도 있겠다. 다음에 '이용향사'가 오는 것도
종교적 상징일 가능성을 높인다.

육삼 효사: '곤우석'은 문형을 볼 때 예괘 육이 효사의 '개우석'
과 같은 뜻일 수도 있다. 그러나 '거우질려' 때문에 석을 고대 중
국의 가석嘉石으로 보는 리징츠의 말을 따르는 편이 좋겠다. 질려
는 가시나무인데 고대 중국 감옥이 구덩이 주위에 나무 울짱을
두르고 다시 가시나무를 심은 형태이기 때문일 것이다.

구사 효사: '서서'는 보어이다. '금거'의 금 자는 금紟의 통가자

이다.

　구오 효사: 의월이라는 형벌이 나온다. 앞서 설명했다. 적불을 리징츠는 주불과 구분하지 않고 동일한 것으로 보았지만 주와 적은 다른 색으로 취급한다. 따라서 다른 사람이나 다른 상징일 것이다. '내서유탈'의 서 자는 구사 효사의 서서와 같은 말이다.

　상육 효사: 갈류는 식물 이름이다. '우얼올'의 얼올은 나무 울짱이다. 앞에 곤 자가 생략되어 있는 것으로 보통 본다. 그러면 나무 울짱을 칡넝쿨이 감은 모습을 그린 것이 된다. 하지만 우 자를 재의 통가자로 봐도 무방하다. 그러면 '곤우갈류'와 우얼올 두 문장의 주어가 다르다. 왈 자는 가정을 표시하는 말인 듯하다. 얼올이라는 소리에 가깝다. 어울리게 쓰려고 한 것이리라. '회유회'의 유 자는 우ㄨ의 통가자이다.

#48 우물: 정괘 ䷯

井。改邑不改井, 无喪无得, 往來井井。汔至亦未繘井。羸其瓶。凶。
정. 고을은 바뀌도 정전은 바꾸지 않으니 잃은 것도 없고 얻은 것도 없으며 오가는 일도 반듯하다. 물이 마르고 막혔어도 아직 우물을 파지 않았다. 질그릇 두레박을 망가뜨린다. 흉하다.

初六 井泥不食。舊井无禽。

초육. 우물이 진흙탕이라 먹지 못한다. 낡은 함정이라 짐승이 없다.

九二 井谷射鮒。甕敝漏。

구이. 우물이 무너져 골짜기처럼 물이 흐르고 활로 붕어를 쏜다. 질항아리가 깨져 물이 샌다.

九三 "井渫不食, 爲我心惻, 可用汲。"王明, 並受其福。

구삼. "우물이 흐려서 먹지 않는데 내가 물을 살펴보니 길을 만하다." 왕이 현명해서 모두 복을 받는다.

六四 井甃。无咎。

육사. 우물에 벽돌을 쌓는다. 허물이 없다.

九五 井洌寒泉食。

구오. 우물이 맑고 차가워 샘에서 먹는다.

上六 井收勿幕。有孚。元吉。

상육. 우물은 오므려두었지만 뚜껑을 덮지 않았다. 포로를 잡는다. 크게 길하다.

정은 괘명이다. 괘사와 효사는 우물, 함정, 정전#田을 언급한다. 모두 정 자를 끼고 있는 말들이다. '개읍불개정'의 술어는 개 자이다. 읍은 도시이고 정은 해석이 분분하지만 리징츠를 따라 정전이라 하는 것이 합리적이다. 정정은 형용사형인데 반듯반듯한 모습이다. '흘지'의 지 자를 리징츠는 질窒의 통가자로 본다. 괜찮다. '미율정'의 율 자는 율矞의 통가자이다. '리기병'의 이 자를 고증역학은 모두 뇌罍의 통가자로 본다. 리징츠는 어떤 귀족이 채읍을 받았다가 저항에 부딪혀 채읍을 바꾼 일의 기록이라고 한다. 정전의 규모는 그대로이기 때문에 득도 실도 없다고 풀이한다. 참고할 만하다.

초육 효사: 괘사와 달리 우물에 대한 점사이다. 어쩌면 속담일수도 있겠다. '구정무금'의 정 자를 리징츠는 함정이라 본다. 일단 유보한다.

구이 효사: 이것도 속담일지 모르겠다. 정곡의 곡 자는 깊이가 있다는 뜻일 것이다. 괘사와 마찬가지로 물을 저장하는 질항아리가 문제를 일으킨다.

구삼 효사: 리징츠는 앞의 세 문장이 채읍을 새로 맡은 귀족이

한 말을 인용한 것이라고 본다. 인용문의 두 번째 문장 '위아심 측'에서 원이뒈는 심 자를 심沁이라고 읽어야 하고 측 자를 측測 으로 읽어야 한다고 본다. 심측은 하나의 낱말인 셈인데 땅속 물 길을 찾는 일을 가리킨다. 하지만 말 그대로 읽어도 된다. 위 자 를 피동 기능으로 보고 아심을 목적어, 측을 술어로 보는 것이 다. 이것이 일반적이다. 나는 원이뒈를 따랐지만 독자들은 다른 가능성도 참고하라.

상육 효사: '정수물막'의 정을 우물로 볼 수도 있고 함정으로 볼 수도 있다. 리징츠도 확언하지 않았다. '유부'를 리징츠는 짐 승을 잡는다고 본다. 리징츠는 함정에 무게를 두고 있다.

#49 전쟁에 나가는 날: 혁괘 ䷰

革。已日乃孚。元亨,利貞。悔亡。

혁. 제삿날 바로 포로를 바친다. 크게 형통하고 이로운 점이다.
사라진 것을 후회한다.

初九 鞏用黃牛之革。

초구. 황소 가죽으로 단단히 묶는다.

六二 巳日乃革之。征, 吉。无咎。

육이. 제삿날 바로 그것을 바꾼다. 멀리 떠나는 일은 길하다. 허물이 없다.

九三 征凶。貞厲。革言三就, 有孚。

구삼. 멀리 떠나는 일은 흉하다. 점을 물으니 위태로운 점이다. 말의 가슴걸이를 바꿔 세 번 돌려 맸다. 포로를 잡았다.

九四 悔亡。有孚, 改命。吉。

구사. 사라진 것을 후회한다. 포로를 잡아서 명령을 바꾼다. 길하다.

九五 大人虎變, 未占有孚。

구오. 대인이 호랑이로 변하니 포로를 잡을지 아직 점치지 않았다.

上六 君子豹變, 小人革面。征凶。居貞吉。

상육. 군자가 표범으로 변하니 소인은 낯빛을 바꾼다. 멀리 떠나는 일은 흉하다. 거주에 대한 점은 길하다.

혁은 괘명이다. 가죽, 변혁의 의미가 효사에 모두 나타난다. '사일내부'의 사 자는 사祀의 통가자이다. 무슨 일이든 큰일을 앞두고 제사를 지낸 것이 고대인이다. 여기서는 전쟁을 앞두고 날을 받아 제사를 지낸 것인데 포로를 희생물로 바쳤다.

초구 효사: 전쟁에 나갈 테니 준비하는 장면이다. 공 자는 술어이다.

육이 효사: 다시 제삿날이 나온다. 그런데 제삿날을 바꿨다. '혁지'의 대명사 지 자가 가리키는 것은 사일이다. 제삿날도 바꿀 수 있는가? 제삿날도 택일하기 때문에 가능하다.

구삼 효사: '혁언삼취'에서 언 자를 원이뙤는 근訢이라고 읽어야 한다고 본다. 고대어에서 언 자와 근 자의 소리가 가까워서 통용되었다고 한다. 괜찮다. 삼취는 삼중三重의 동의어이다.

구사 효사: 장법을 주의해야 한다. 리징츠의 장법을 따른다.

구오 효사: 대인은 당연히 전쟁 지휘관을 가리킬 것이다. 호변은 비유가 아니다. 동물영혼을 믿은 고대인이라면 당연히 그렇게 보았을 것이다. '미점유부'는 역경에서 특이한 문형이다. 미점과 유부로 나누는 장법보다 유부가 미점의 목적어절이라 보는 것이 타당하겠다.

상육 효사: 표변은 구오 효사를 참고하라. 여기선 군자와 소인

을 짝 지운다. 소인의 원래 짝은 대인인데 말이다. 군자를 대인과 바꿔 쓰는 말로 생각했다는 소리이다. 생각해 볼 문제이다.

#50 솥을 쳐다보니: 정괘 ䷱

鼎。元吉。亨。

정. 크게 길하다. 형통하다.

初六 鼎顚趾, 利出否? 得妾以其子。无咎。

초육. 솥의 다리를 뒤집었는데 출전이 이로울까요? 이롭지 않을까요? 여자 노예와 그 아들까지 얻었다. 허물이 없다.

九二 "鼎有實, 我仇有疾, 不我能卽。" 吉。

구이. "솥에 음식이 꽉 차 있지만 내 짝은 병에 걸려 나와 마주앉을 수 없다." 길하다.

九三 鼎耳革, 其行塞? 雉膏不食, 方雨虧悔。終吉。

구삼. 솥귀가 바뀌었는데 가는 길에 장애가 있을까요? 살진 꿩고기는 먹지 못하고 마침 비가 내려 어그러지고 후회한다. 결국 길하다.

九四 鼎折足, 覆公餗, 其形渥。凶。

구사. 솥의 다리가 부러져 왕의 신하에게 드릴 죽을 엎는 바람에 큰 벌을 받았다. 흉하다.

六五 鼎黃耳金鉉。利貞。

육오. 솥에 구리 귀와 구리 귀고리가 있다. 이로운 점이다.

上九 鼎玉鉉。大吉。无不利。

상구. 솥에 옥으로 만든 솥귀고리가 있다. 크게 길하다. 이롭지 않은 것이 없다.

정은 괘명이다. 정이라는 물건 자체는 음식을 만드는 세발솥을 가리키는데 아울러 고대 중국에서 정치와 종교를 아우르는 권력의 상징이기도 하다. 혁괘와 짝을 이룬다는 점을 염두에 두고 읽어도 좋겠다.

초육 효사: '이출부'는 전형적인 점사이다. 원이뛰는 부 자를 배賠의 통가자로 본다. 참고할 만하다. 리징츠는 외출점이라고 보았지만 정괘가 혁괘와 짝을 이루기 때문에 출전이라고 보는 편이 좋겠다. '득첩이기자'에서 이 자는 여輿의 통가자이다.

구이 효사: 인용문은 시경에서 볼 법한 말이다. 두 번째 문장의 구 자는 본래 의미이다. 세 번째 문장은 부정사 때문에 목적어가 전치한 문형이다. 즉 자를 수발들다로 봐도 좋겠다.

구삼 효사: '정이혁'의 혁은 앞의 혁괘를 염두에 둔 말일 것이다. 은주혁명 말이다. '기행색'을 리징츠는 의문문으로 보았다. 갑골문 따위를 참고한 결과일 것이다. 괜찮다. '치고불식'에서 치고는 둔괘를 참고하라. '방우휴회'는 갑골문 따위에서 전형적인 형태이다. 휴와 회를 나누는 장법도 가능하겠다. 솥귀가 떨어진 현상을 보고 점친 상점이다. 상점은 앞에서도 자주 나왔다. 치고불식도 상점으로 봐도 좋다.

구사 효사: '복공속'의 속 자는 죽을 가리킨다. 죽이 곱빼기인지도 모른다. '기형악'의 형악이 한 낱말이라고 우번은 말했다. 중죄에 대한 중형을 가리킨다. 괜찮다.

육오 효사: 황이의 황과 금현의 금은 모두 구리 합금을 가리킬 것이다. 현은 솥을 가로질러 고리와 고리를 연결한 고리를 가리킨다.

상구 효사: 귀고리를 옥으로 만든 세발솥이다. 옥은 왕권의 상징이다. 고대 중국에 동쪽 옥문명권과 서쪽 청동문명권이 공존했다는 주장이 있다. 설득력 있다. 정옥현은 이것의 통일을 상징하는 것으로 보는 것이 옳겠다.

#51 흉조: 진괘 ䷲

震。亨。震來虩虩; 笑言啞啞; 震驚百里, 不喪匕鬯。

진. 형통하다. 우레가 쳐서 놀라 무서워하다가 웃고 이야기하며 아하하 웃는다. 우레가 백리를 놀라게 해도 술을 한 숟갈도 잃지 않는다.

初九 震來虩虩, 後, 笑言啞啞。吉。

초구. 우레가 쳐서 놀라 무서워하다가 우레가 지난 뒤 웃고 이야기하며 아하하 웃는다. 길하다.

六二 震來厲, 億喪貝, 躋于九陵。"勿逐, 七日得。"

육이. 우레가 치니 위태로운데 재물을 잃을 것 같다고 추측해서 구릉에 오른다. "쫓아가지 않아도 이레면 얻는다."

六三 震蘇蘇。震行, 无眚。

육삼. 우레가 치니 두렵고 불안하다. 우레가 울려도 가면 재앙은 없다.

246

九四 震遂泥。

구사. 우레가 치니 진흙탕에 빠진다.

六五 震往來厲, 億"无喪有事"。

육오. 우레가 치니 오가는 일이 위태롭고 "잃지는 않지만 사고가 생길 것"이라고 추측한다.

上六 震索索, 視矍矍。征凶。震不于其躬, 于其鄰。无咎。婚媾有言。

상육. 우레가 치니 발걸음은 조심하면서 멀리 내다보며 응시한다. 멀리 떠나는 일은 흉하다. 우레가 내 몸에는 떨어지지 않고 내 이웃에 떨어졌다. 허물이 없다. 친척에게 잘못이 생긴다.

진은 괘명이다. 진괘는 놀라운 일이나 흉조가 생길 때 그에 대한 사람들의 여러 반응을 연결시켜 말한다. 괘사에서 '진래혁혁' 꼴에 주목해야 한다. 효사에 내來 자가 생략된 경우가 있는 듯하다. 혁혁은 형용사형이다. 이괘 구사 효사의 색색과 같은 의미이다. '액액'은 웃음소리이다. '불상비창'에서 비는 숟가락 따위를 가리키는 말이고 창은 제사에 바치는 술, 울창주를 가리킨다. '조금도'라는 의미의 비유로 쓴 말이지 사정을 이야기한 것이 아니다.

　초구 효사: 괘사를 반복한다.

　육이 효사: '억상패'의 억 자는 의意를 공유하는 억憶의 통가자이다. 리징츠는 구릉을 산 이름이라고 하고 시장이 있는 곳이라 본다. 참고할 만하다.

　육삼 효사: 소소도 괘사나 초구 효사처럼 이괘의 구사 효사에 나오는 색색의 통가일 것이다. '진행' 사이에는 내 자가 빠진 것이 아닌지 의심스럽다.

　구사 효사: 육삼 효사처럼 진 자 다음에 내 자가 빠진 것이 아닌지 의심스럽다. 수 자는 타墮의 통가자이다.

　육오 효사: 앞에서처럼 진 자 다음에 내 자가 빠진 것이 아닌지 의심스럽다. 억 자는 육이 효사를 참고하라.

　상육 효사: '진삭삭'에서도 진 자 다음에 내 자가 빠진 것이 아닌지 의심스럽다. 삭삭은 형용사형인데 정현은 이 말이 축축縮縮과 동의어라고 본다. 괜찮다. '시확확'의 확확도 형용사형인데 맹금이 노려보는 모양이다. 설문해자는 매 따위가 응시하는 것이라 설명한다. 설문해자는 긍정적으로 말했지만 확의 주체가 부엉이일 수도 있다. 그러면 흉조가 된다. 뒤쪽의 '정흉'을 보면 부엉이일 수도 있겠다. 일단 일반적인 주장을 유보한다. '진

분우기궁 우기린'에서 우 자는 모두 재菑의 통가자이고 술어다.
이때도 진 자는 재앙의 조짐, 흉조의 의미이다. '혼구유언'에서
언 자는 건婚의 통가자이다. 원이둬는 혼구를 혼인 관계가 아니
라 친척이라 본다. 원이둬를 따른다.

#52 응시: 간괘 ䷳

[艮]. 艮其背不獲其身, 行其庭不見其人。无咎。

[간]. 등짝에만 신경 쓰면 정작 가슴과 배는 보호하지 못하고 그
집을 지나가면서도 정작 그 사람은 만나지 못한다. 허물이 없다.

初六 艮其趾。无咎。利永貞。

초육. 다친 발꿈치를 응시하다 (다른 부위를 놓친다). 허물이 없다.
오랜 기간에 대해 물으니 이로운 점이다.

六二 艮其腓, 不拯其隨, 其心不快。

육이. 다친 장딴지를 응시하다 장딴지 근육에 살이 오르지 않은
것을 (놓친다). 마음이 불쾌하다.

九三 艮其限, 列其夤, 厲, 薰心。

구삼. 다친 허리를 응시하다 둥골 근육이 찢어진 것을 (놓친다).
위태로워 마음을 태운다.

六四 艮其身。无咎。

육사. 다친 가슴과 배를 응시하다 (다른 부위를 놓친다). 허물이
없다.

六五 艮其輔; 言有序。悔亡。

육오. 다친 볼을 응시하다 (다른 부위를 놓치지만) 말은 조리 있다.
사라진 것을 후회한다.

上九 敦艮。吉。

상구. 성실하게 응시한다. 길하다.

　[간]은 생략된 괘명이다. 앞서 예처럼 살렸다. 문자로 기록한
사람의 잘못일 것이다. 리징츠는 간괘가 의학에 대한 괘라고 이
해했지만 앞의 진괘 상육 효사에서 여운을 남기고 마친 응시에
대한 괘라고 보는 편이 좋을 듯하다. 리징츠도 간 자를 비ㄴ와

목目으로 구성된 글자라고 이야기하면서 주목, 주의의 의미라고 말하기도 한다. '간기배 불획기신'은 대구인데 어느 한쪽만 신청 쓰다 다른 한쪽을 놓친 경우를 말한다. 획 자를 리징츠는 호護의 오자라고 지적한다. 괜찮다. 그리고 뒤쪽 문장을 리징츠는 비유라고 하는데, 사실 앞 문장도 비유이기는 마찬가지이다. 괘사가 제시한 간 자의 의미를 잘 새겨야 효사에서 나오는 간 자를 정확히 이해할 수 있다.

초육 효사: 리징츠는 대장괘 등과 비슷한 문형이라고 생각해서 신체 부위를 다친다는 의미로 간 자를 이해한 것 같다. 하지만 응시가 우선이다.

육이 효사: 비 자나 수 자가 신체 부위인 것은 앞서 설명했다. 중 자는 앞서 나왔지만 문맥으로 볼 때 여기 제시한 것 말고 어쩌면 외과 수술 기록일 수도 있겠다. 그래도 중 자의 본래 의미를 우선 생각하면 응시와 연관된다는 점을 알 수 있다.

구삼 효사: '간기한'의 한 자는 경전석문에 따르면 허리를 가리키는 말이다. '열기인'의 열 자는 열裂의 본래 글자이다. '훈심'은 술어-목적어 문형이다.

육사 효사: '간기신'의 신 자는 본래 신체에서 몸통 앞쪽에 주목해서 그린 글자이다. 궁躬 자가 신 자와 같은 뜻이지만 몸통 뒤

쪽에 주목한 글자라는 점을 상기하자.

육오 효사: 불행 중 다행이라는 의미를 살렸다. 기능이 우선
이다.

상구 효사: 돈 자를 리징츠는 이마라고 본다. 앞의 효사가 모
두 신체 부위를 가리키기 때문일 것이다. 괜찮다. 하지만 임괘
상육 효사를 보면 부사어로 이해해도 좋을 듯하다.

#53 기러기: 점괘 ䷴

漸。女歸吉。利貞。

점. 딸이 시집가는 것은 길하다. 이로운 점이다.

初六 鴻漸于干。小子厲, 有言, 无咎。

초육. 기러기가 산골짜기 개울로 나아가네. 어린 아이가 위태로
워 못하게 말리니 허물이 없다.

六二 鴻漸于磐。飲食衎衎。吉。

육이. 기러기가 물가로 나아가네. 먹고 마시는 것은 즐겁다네.
길하다.

九三 鴻漸于陸。夫征不復, 婦孕不育。凶。利禦寇。

구삼. 기러기가 높은 평지로 나아가네. 남편은 멀리 떠나 돌아오지 못하고 아내는 임신했지만 유산한다. 흉하다. 도둑을 막는 데는 이롭다.

六四 鴻漸于木。或得其桷。无咎。

육사. 기러기가 나무로 나아가네. 어떤 사람이 모난 서까래를 얻는다. 허물이 없다.

九五 鴻漸于陵。婦三歲不孕, 終莫之勝。吉。

구오. 기러기가 높은 언덕으로 나아가네. 아내가 삼년 동안 임신하지 못해도 결국 그를 무시하지 못한다. 길하다.

上九 鴻漸于陸。其羽可用爲儀。吉。

상구. 기러기가 높은 산마루로 나아가네. 그 깃털은 문무에 쓸 만하다. 길하다.

점은 괘명이다. 점 자를 리징츠는 점䴁의 통가자로 본다. 옳다. 효사는 모두 '鴻漸于 + …' 문형이다. 시경에 흔히 나타나는 기흥 형식이다. 효사에서 기러기를 노래한 부분은 고대 종교적 의미에 초점을 맞췄을 수도 있다. 리징츠는 점괘를 가정사라는 데 초점을 맞추고 설명하지만 초점을 달리하는 편이 나을 듯하다. 반복해서 강조하는 것을 군이 제쳐두고 기타 점사에 초점을 맞출 이유가 적어 보인다. '여귀길'은 '귀녀길'과 같은 말이다.

초육 효사: 간 자는 안澗 자에도 포함되어 있듯, 물가라는 장소를 가리키는 말일 수 있다. 간澗의 통가자일 수도 있는데 여기서는 이 뜻을 유보한다.

육이 효사: 반 자는 안澗과 동의어이다. 또는 반泮의 통가자이기도 한데 여기서 고대 종교적 의미를 추정한다. 반은 고대의 학교이자 종교 시설인 반궁泮宮과 같은 말이다. '음식간간'에서 간간은 형용사형이고 반 자와 운을 맞췄다. 노래라는 증거이다. 까오헝은 반 자를 반궁의 의미로 본다. 육이 효사는 반궁의 행사 장면일 수도 있겠다. 기러기가 큰 물새이니 고대 종교적 의미가 더욱 강해진다.

구삼 효사: 육, 복, 육은 운을 맞췄다. 노래라는 증거이다. '부잉불육'의 육 자를 리징츠는 임신했지만 유산한다고 본다. 괜찮다. 하지만 적의 침략 때문에 가정이 파괴된 일이라 설명한 것은 잘못이지 싶다.

유사 효사: 목, 각은 운을 맞췄다. 역시 노래라는 증거이다. 자연에서 물갈퀴가 달린 기러기가 나무에 앉는 것은 생뚱맞지만 문학과 예술에서라면 얼마든지 가능하다. 목 자가 오자라는 주장도 있지만 목 자가 오자가 아니라는 것은 '혹득기각'의 각 자가 증명한다. 귀족이 집을 지을 준비를 마친 것이라 본 리징츠는 지나치게 합리적이다.

구오 효사: 능, 잉, 승도 운을 맞췄다. 능은 산을 가리킨다. '종막지승'에서 승 자를 우번은 능陵이라고 본다. 옳다. 그렇다면 승 자는 무시한다는 뜻이다.

상구 효사: 구삼 효사와 같은 말이 나온다. 뒤쪽 문장과 운이 맞지 않는다. 그래서 청나라 때 여러 고증학자들은 육 자가 통가자인 아阿의 오자일 것이라 단정했다. 아 자와 다음 문장의 의 자는 운이 같다. 의는 문무文舞를 가리킨다. 쾌쾌 괘사의 '양우왕정'을 참고하라.

#54 누이 대 누이: 귀매괘 ䷵

歸妹。征, 凶。无攸利。

귀매. 멀리 떠나는 일은 흉하다. 이로운 것이 없다.

初九 歸妹以娣。跛能履。征, 吉。

초구. 누이를 시집보내면서 다른 누이를 딸려 보낸다. 절름발이가 잘 걷는다. 멀리 떠나는 일은 길하다.

九二 眇能視。利幽人之貞。

구이. 애꾸눈이 잘 본다. 감옥에 갇힌 사람에 대해 물으니 이롭다는 점이다.

六三 歸妹以須; 反歸以娣。

육삼. 누이를 시집보내면서 다른 누이를 딸려 보낸다. (혼인이 깨져서) 되돌아와 누이가 되었다.

九四 歸妹愆期, 遲歸有時。

구사. 누이를 시집보내야 하는데 일 년을 넘겼다. 늦게 시집가게 된 것은 기다리는 사람이 있기 때문이다.

六五 帝乙歸妹, 其君之袂不如其娣之袂良。月幾望。吉。

육오. 제을이 딸을 시집보낼 때 정부인이 된 딸의 소매가 함께 가는 제 누이의 소매만큼 좋지 못했다. 달이 보름에 가까웠다. 길하다.

上六 女承筐, 无實; 士刲羊, 无血。无攸利。

상육. 아내가 광주리를 이었지만 담은 것이 없다. 남편이 양을 잡았지만 피가 나지 않는다. 이로운 것이 없다.

귀매는 괘명이다. 딸 또는 누이를 시집보낸다는 뜻이다.

초구 효사: '귀매이제'의 이 자는 여與의 통가자이다. 제 자는 여동생이다. 고대의 자매 일부다처혼 sororal polygyny 기록이다. 시경 한혁韓奕 시를 참고하라. '파능리'와 구이 효사의 '묘능시'는 이 괘 육삼 효사에 동시에 나타나지만 여기선 둘을 갈라놓았다. 의미는 정반대이다. 이괘는 버린다는 의미이지만 귀매괘는 취한다는 의미라는 첸종슈의 말이 좋다. 리징츠는 초구 효사를 몽점이라고 보지만 꼭 그런 것은 아니다.

구이 효사: '유인'은 앞에도 나온 말이다. 앞서 이괘 구이 효사처럼 감옥에 갇힌 사람으로 보았다. 리징츠는 귀매괘가 결혼과 관련된 탓인지 규방에 '갇힌' 여자라고 보았다. 참고할 만하다.

육삼 효사: '귀매이수'의 이 자는 초구 효사처럼 여의 통가자일 것이다. 수 자를 리징츠는 누이를 가리키는 수嬃의 통가자로 본다. 괜찮다. 초구의 제와 여기 수가 어떤 누이를 가리키는지는 정확히 알지 못한다. '반귀이제'의 이 자도 여의 통가자이다. 반

귀가 술어인데 리징츠는 소박맞고 둘 다 돌아온다고 본다. 어쩌면 수는 시집간 누이를 가리키는 말이고 제는 시집가기 전의 누이를 가리키는 말인지도 모른다.

구사 효사: '귀매건기'는 두 개의 문장이다. 두 번째 문장의 술어가 건이다. 리징츠는 단순히 결혼 적령기를 놓쳤다는 의미로 파악하는데 기 자가 일 년을 가리키기 때문에 일 년이라고 하는 편이 좋겠다. 정혼한 처지일 테니 말이다. '지귀유시'의 시 자를 리징츠는 기다린다는 의미로 파악했다. 괜찮다. 그러나 기다리는 것은 때가 아니라 사람일 것이다.

육오 효사: '제을귀매'는 태괘 육오 효사에 이미 나온 말이다. 참고하라. 구체적인 당시 상황이 이어서 나온다. 상징성이 강하다. '기군'이라는 말은 군부인君夫人, 곧 문왕의 정부인일 것이다. '월기망'은 결혼 시간을 점친 기록일 것이다.

상육 효사: 앞의 네 개 문장은 둘씩 대구인 비유일 것이다. '사규양'에서 규 자는 걸어매 놓고 잡는 장면이다. 리징츠는 몽점이라고 본다. 참고할 만하다.

상육 효사의 비유에서 이괘履卦와 귀매괘가 정반대의 사정을 말한다는 점이 명확해진다. 이괘가 버린다는 의미이고 귀매괘가 취한다는 의미라고 했다. 그러나 이괘는 버려도 아까울 것이 없고 귀매는 취해도 유심이 남는다. 피가 나지 않아 이로운 것이 없다는 것은 양을 잡을 때 피가 그대로 고여 있으니 누린내가 나서 못쓰게 된다는 말이다. 버려야 하지만 취해 버린 셈이다. 광주리가 빈 것도 마찬가지이다. 이괘와 귀매괘의 관계는 손괘와 익괘의 관계로도 파악할 수 있다.

#55 성인식: 풍괘 ䷶

豐。亨, 王假之。勿憂。宜日中。

풍. 제사를 지낼 때 왕이 거기 지피셨다. 걱정하지 마라. 마땅히 한낮이라야 한다.

初九 遇其配主, 雖旬, 无咎。往有尙。

초구. 마침 그 여주인을 만났는데 비록 여주인이더라도 허물이 없다. 간다면 도움이 생긴다.

六二 豐其蔀, 日中見斗。往得疑疾。有孚發若。吉。

육이. 큰 집인데 지붕을 풀로 이었다. 한낮에 북두성을 본다. 가서 괴질을 얻는다. 포로를 잡았지만 폐인이다. 길하다.

九三 豐其沛, 日中見沬。折其右肱。无咎。

구삼. 큰 집인데 지붕을 풀로 이었다. 한낮에 작은 별을 본다. 오른팔 팔뚝을 분지른다. 허물이 없다.

九四 豐其蔀, 日中見斗。遇其夷主。吉。

구사. 큰 집인데 지붕을 풀로 이었다. 한낮에 북두성을 본다. 마침 제 몸주를 만난다. 길하다.

六五 來章, 有慶譽。吉。

육오. 아름다운 옥을 가지게 되자 경하와 찬사를 받는다. 길하다.

上六 豐其屋, 蔀其家, 闚其戶, 闃其无人, 三歲不覿。凶。

상육. 방을 꾸미고 제 집 지붕을 풀로 인다. 문틈으로 들여다보니 아무도 없는 것처럼 고요하다. 삼년 동안 보지 못한다. 흉하다.

풍은 괘명이다. 설문해자는 주역을 인용하면서 풍 자를 풍豐이라고 표기했다. 큰 집이라는 말이다. 허신이 본 판본의 문제인 듯하다. 그러나 상당히 재미있는 해석이 가능해진 실마리이다. 리징츠는 여행 또는 무역에 대한 점이라고 본다. 참고할 만하다.

형 자를 향享의 동기자로 보는 것은 옳다. '왕격지'의 지 자는 큰 집을 가리킨다. 문형이 췌괘나 환괘와 같다. 리징츠는 큰 집을 종묘라고 보는데 그럴 수 있다. 그러나 확실한 것은 의식이 벌어지는 장소라는 점이다. '의일중'은 의식을 치르는 시간을 가리킨다. 의 자가 술어이다.

초구 효사: '우기배주'의 배 자를 정현은 비妃라고 했다. 참고할 만하다. '수순'이 문제이다. 리징츠는 수 자를 유唯의 통가자이며 문두조사, 순 자를 순徇의 통가자라고 본다. 그리고 앞 문장과 이어지는 문장으로 본다. 여기서 우기배주와 수순을 나누는 장법이 좋을 듯하다. 그리고 수순의 수 자를 그대로 종속접속사로 봐도 좋고 유의 통가자로 봐도 좋다. 종속접속사라면 '비록 … 하더라도'일 테고 유의 통가자라면 계사이다. 순 자를 글자대로 보면 열흘을 가리키는데 시간의 점사가 될 것이다. 까오형은 이렇게 보지만 일단 리징츠를 유보하기로 한다. '왕유상'의 상 자는 앞서 설명한 것처럼 도움이란 뜻이다.

육이 효사: '풍기부'에서 기 자는 접속사 이의 통가자이다. 부자를 정현은 본래 보蔀 자라고 말한다. 일리 있다. 지붕을 엮은 이엉을 가리키는 말로 이해한다. 한낮인데 북두성을 본다는 말이 이상하다. 당시의 상황을 이해하려면 인류학 지식을 빌려야

할지도 모른다. 시베리아 원시 부족들의 성인식은 숲에서 채취한 독버섯이나 약초 등을 혼합한 음료를 마시게 하고 환각 상태에 빠지게 만든다고 한다. 거기서 갖가지 환각 체험을 하게 되는데 보통 하늘을 날거나 신체가 조각나거나 하는 죽음 체험을 하게 만든다. 어쩌면 육이 효사 등도 환각 체험은 아닐지 모르겠다. 풍 자는 어쩌면 이런 의식을 행하는 무당의 집일 수 있겠다. '의질'도 마찬가지이다. 환각제를 복용하고 질병에 걸린 것 같은 증세를 보인 것을 말하는지도 모른다. '유부발약'의 발약은 형용사형이다. 발 자를 리징츠는 폐廢의 통가자로 본다. 일단 유보한다. 그러나 발약이 폐약이라면 초주검이 된 참여자를 가리키는 말로 이해할 수도 있겠다.

구삼 효사: '풍기패'의 기 자도 접속사 이의 통가자이다. 패 자를 자하역전은 불茀 자라고 하고 정현은 시市 자라고 한다. 리징츠는 불 자가 정자이고 시 자나 패 자는 통가자라고 본다. 괜찮다. 리징츠는 이어서 불 자를 발茇 자로 쓰는 경우도 있다고 하면서 부茀와 같은 말이라고 고증한다. 발 자로 보는 것까지는 좋았다. 그러나 풍괘 전체의 의미를 살필 때 발茇 자는 나아가 불祓의 통가자로 보는 것이 낫다. 불계祓禊 의식은 봄을 맞아 벌이는 물맞이 행사이니 패 자에 삼수가 들어 있는 것도 해결된다. '일중

건매'의 매 자를 자하역전은 昧의 통가자로 본다. 굳이 삼수가 들어간 매 자로 쓴 것도 불계 의식과 관련이 있을 것이다. 오른쪽 팔뚝을 분지르는 것은 환각 상태에서 신체를 조각내는 일일지 모른다.

구사 효사: 육이 효사와 같은 말이 반복된다. '우기이주'의 이주가 문제이다. 이 자를 리징츠는 늘상이라는 뜻으로 본다. 참고할 만하다. 하지만 초구 효사의 '우기배주'와 비교할 수 있다. 어쩌면 배주는 돕는 사람을 가리키고 이주는 주관하는 사람을 가리킬지도 모른다. 성인식 장면이라 생각하기 때문에 몸주라고 옮긴다. 이 자가 몸을 칭칭 감은 뱀의 상징이기도 하기 때문이다.

육오 효사: '내장'을 리징츠는 득장得璋으로 본다. 내 자가 有의 통가자이니 그럴 수 있다. 일단 유보한다. 성인식이 끝나고 어른이 된 것을 축하하는 장면이라고 본다.

상육 효사: '풍기옥'과 '부기가'의 문형을 보면 풍 자와 부 자가 술어이다. 옥 자를 리징츠는 가 자와 짝이 되는 말이라고 하면서 옥이 집이고 가가 집 안이라고 본다. 참고할 만하다. 그러나 여기 풍 자는 본래 의미인 듯하다. 풍 자는 옥을 꿴 것을 그릇에 담아 바치는 모양이다. 육오 효사의 '내장'이 옥을 가지게 된 것이라면 풍기옥은 제 몸주를 모셔 신단을 꾸민 것으로 보는 편이 좋

을 것이다. 그리고 원시 부족들이 그렇듯, 성인식을 마친 사람은 부모 집을 떠나 또래 집단과 동거하게 된다. 부기가는 분가를 가리키는 말로 보는 것이 좋을 듯하다. '규기호'의 규 자는 앞서 설명했다. '격기무인'의 격 자는 고요하다는 뜻이 일반적이다. 기자를 리징츠는 접속사 이의 통가자라고 보지만 시경의 그것처럼 형용사형일 수도 있다. 그러면 무인은 아무도 없는 것처럼 고요하다는 보어가 된다. '삼년부적'에서 삼년을 보면 성인식을 거친 사람은 큰 형벌을 받은 사람과 마찬가지로 사회와 격리된다는 생각이 든다. 성인식은 마쳤지만 완전히 인정받으려면 그만한 노력과 세월이 필요하다는 말일 것이다.

#56 여행 동반자: 여괘 ䷷

旅。小亨。旅貞吉。

여. 조금 형통하다. 여행 동반자에 대해 물으니 길한 점이다.

初六 旅瑣瑣, 斯其所, 取災。

초육. 여행 동반자들이 서로 의심하여 숙소를 나눴고 화를 부른다.

六二 旅卽次, 懷其資, 得童僕貞。

육이. 여행 동반자들이 시장에 도착했는데 각자 밑천을 품고 있다. 시중드는 노예를 얻는 점이다.

九三 旅焚其次, 喪其童僕, 貞厲。

구삼. 여행 동반자들이 시장을 불사르고 시중드는 노예를 잃었다. 점을 물으니 위태로운 점이다.

九四 旅于處, 得其資斧, 我心不快。

구사. 여행 동반자들이 머무르고 있다가 밑천이 될 도끼를 얻었지만 내 마음은 불쾌하다.

六五 射雉, 一矢亡, 終以譽命。

육오. 꿩을 쏘았지만 화살 하나를 잃었다. 결국 명예로운 이름을 가진다.

上九 鳥焚其巢, 旅人先笑後號咷, 喪牛于易。凶。

상구. 새가 제 둥지를 불태운다. 여행자는 먼저 웃지만 나중에 울부짖으며 도망친다. 역 땅에서 소를 잃었다. 흉하다.

여는 괘명이다. 여행에 대한 점이다. 리징츠는 풍괘와 마찬가지로 상인의 여행이라고 본다. 참고할 만하다. 그러나 앞의 풍괘와 짝을 이루어 생각해 볼 수 있다. 풍괘가 영혼 세계로 가는 정신적 여행이라면 여괘는 지상의 여행이다. 풍괘에 성인식을 마친 또래 집단이 나오는데 여괘의 내용도 상응한다. 어쩌면 풍괘의 또래 집단은 삼년 동안 어른이 되는 여행을 떠났는지도 모른다.

초육 효사: '여쇄쇄'의 쇄쇄는 형용사형이다. 리징츠는 쇄쇄頵頵의 통가라고 본다. 마음이 셋인 쇄 자는 여럿의 마음이 갈갈이 갈린 모양이다. '사기소'의 사 자는 시撕의 본래 글자이고 숱어다.

육이 효사: '여즉차'에서 여 자는 주어, 즉 자는 숱어이다. 차 자는 사肆의 통가자이다. '득동복정'은 다른 점사일 가능성이 크다. 그리고 구삼 효사와 호응한다.

구삼 효사: '여분기차'의 분 자가 숱어이다. 리징츠는 시장에 불이 났다고 하지만 여 자가 주어이고 분 자는 타동사 숱어인 것이 분명하기 때문에 그저 불이 났다고 할 수는 없고 정말 불을 지른 것이다. '상기동복'은 육이 효사와 호응한다.

구사 효사: '여우처'의 우 자는 진행상표지이다. 처 자는 지扯의 통가자이다. 자부를 리징츠는 도끼 모양으로 주조한 화폐라고

266

본다. 참고할 만하다. 그러나 상인 집단이 아니라면 그리 만족스러운 답은 아니다. 성인식의 증표로 받은 옥도끼일 수도 있다.

육오 효사: '종이예명'에서 이 자는 유牗와 동의어이다. 명 자를 리징츠는 명名이라고 했고 명성이라고 본다. 괜찮다. 종이예명 앞 문장은 있을 법한 사건이지만 시경의 기흥일 수도 있겠다.

상구 효사: '조분기소'는 기흥이 분명하다. 호도는 앞에 설명했다. '상우우역'은 대장괘 육오 효사를 참고하라. 까오헝은 상구 효사뿐 아니라 앞의 여러 효사가 왕해 이야기의 일부라고 생각한다. 글쎄.

#57 복종: 손괘 ䷸

巽。小亨。利有攸往。利見大人。

손. 조금 형통하다. 어디론가 가야 할 일이 있을 때는 이롭다. 대인을 만나는 것이 이롭다.

初六 進退, 利武人之貞。

초육. 나아가고 물러난다. 무인에 대해 물으니 이롭다는 점이다.

九二 巽在牀下, 用史巫紛若。吉。无咎。

구이. 상 아래에 무릎 꿇고 있는데 사와 무의 푸닥거리가 어지럽다. 길하다. 허물이 없다.

九三 頻巽。吝。

구삼. 이마를 찡그리며 무릎 꿇는다. 부끄럽다.

六四 悔亡。田獲三品。

육사. 사라진 것을 후회한다. 사냥해서 짐승 세 가지를 잡았다.

九五 貞吉。悔亡。无不利。无初有終。先庚三日, 後庚三日。吉。

구오. 점을 물으니 길한 점이다. 사라진 것을 후회한다. 이롭지 않은 것이 없다. 시작은 없지만 결말은 있다. 경일 사흘 전부터 경일 사흘 후까지이다. 길하다.

上九 巽在牀下, 喪其資斧。貞凶。

상구. 상 아래에 무릎 꿇고 있는데 밑천이 될 도끼를 잃었다. 점을 물으니 흉한 점이다.

손은 괘명이다. 본래 자형은 두 사람이 상 위에 무릎 꿇고 앉은 모습이다. 그래서 복종한다는 의미가 첫째이다. 말투는 예괘, 임괘, 이괘와 비슷하게 보인다. 주목할 만한 것은 상구 효사이다. 여괘 구사 효사와 반대되는 장면이 여기 나온다. 역경 편집자는 풍괘, 여괘에 이어 손괘까지 하나의 시퀀스로 묶고 싶은 의도가 있었지 싶다. 리징츠도 마찬가지로 세 괘를 한 묶음으로 봐야 한다는 견해를 가지고 있다.

초육 효사: '진퇴'를 점사로 봐도 무방하다. 뒤에 무인이 나오기 때문이다. 그렇다면 '진격할까요? 물러날까요?'가 될 것이다. 정괘 초육 효사를 참고하라.

구이 효사: 손 자의 본래 의미를 꼬아 놓았다. '손재상하'에서 손 자는 부사어가 아니라 주어이다. 두 사람이 무릎 꿇고 있다고 봐야 하지만 겸손한 사람이라고 해도 안 될 것은 없다. '사무'는 제사 등을 맡은 관직일 것이다. '분약'은 형용사형이다. 까오형은 분 자를 흔實의 통가자로 보고 장광설을 펼친다. 참고할 만하다. 리징츠는 손괘도 상인과 관련시켜 이해하는데 꼭 그렇지는 않을 것이다.

구삼 효사: 간결한 말이다. 빈 자를 리징츠는 복괘 육삼 효사처럼 빈嚬의 통가자로 본다. 괜찮다. 억지로 무릎 꿇는 일이 어디

한두 번인가.

육사 효사: 점사가 먼저 나왔다. '삼품'은 삼물三物과 마찬가지이다. 리징츠는 복종을 뜻하는 손괘의 의미에 따라 야생 동물을 잡은 것은 가축으로 만들기 위해서라고 본다. 뜬금없지만 참고할 만하다.

구오 효사: 점사가 너무 많다. 리징츠는 여섯 가지 점이라고 한다. 옳다. 고괘 괘사와 마찬가지 문형이 끄트머리에 나온다. 경일 사흘 전은 정일丁日이고 경일 사흘 후는 계일癸日이다. 모두 이레 동안이다.

상구 효사: 구이 효사와 같은 말이 나오고 여괘와 관련된 것처럼 보이는 말이 잇따라 나온다. 리징츠는 풍괘와 여괘, 손괘와 태괘 사이의 종괘 관계를 무너뜨리고 여괘와 손괘의 시퀀스가 이어진다고 이해한다. 그래서 여관에서 강도를 당해 밑천을 잃어버렸다고 말한 리징츠의 풀이는 좀 우습다.

#58 기쁘다: 태괘 ䷹

兌。亨。利貞。

태. 형통하다. 이로운 점이다.

初九 和兌。吉。

초구. 조화로워 기쁘다. 길하다.

九二 孚兌。吉。悔亡。

구이. 이익이 생겨 기쁘다. 길하다. 사라진 것을 후회한다.

六三 來兌。凶。

육삼. 돌아와서 기쁘다. 흉하다.

九四 商兌未寧。介疾有喜。

구사. 의논해서 기쁘지만 아직 편치 않다. 가벼운 병에는 기쁨이
생긴다.

九五 孚于剝。有厲。

구오. 박에게 포로가 된다. 위태로운 일이 생긴다.

上六 引兌。

상육. 이끌어서 기쁘다.

태는 괘명이다. 태 자는 열說의 본래 글자이다. 입을 크게 벌리고 웃는 사람의 모습을 그렸다. 설문해자를 풀이한 사람들은 열說의 본래 글자라고 생각했다. 그러면 좀 복잡한 의미가 가능해진다. 하지만 괘효사가 너무 간단해서 점의 대상이 무엇인지 그리 분명해 보이지 않는다. 복종을 뜻하는 손괘와 짝 지어 생각해도 그리 분명치 않다. 리징츠는 국제 외교에 대한 내용이라지만 그리 설득력 있게 들리지 않는다. 복괘 효사들과 비슷해 보이는 말들이다.

구이 효사: 부 자를 리징츠는 포로 등 이익이 되는 것을 가리킨다고 본다. 일단 유보한다.

구사 효사: '상태미녕'은 두 개의 문장으로 구성된 복문일 것이다. 영 자는 정寍과 동의어이다. '개길유회'는 병점일 텐데 개 자를 리징츠는 작다는 뜻으로 본다. 앞서 진괘 육이 효사의 '개복'과 비교해 보라.

구오 효사: '부우박'은 문형을 볼 때 박이 지명일 가능성이 높다. 리징츠는 이민족 나라 이름이라고 보고 수괘 구오 효사 '부우가'를 들먹인다. 괜찮다.

#59 홍수: 환괘 ䷲

渙。亨。王假有廟。利涉大川。利貞。

환. 제사를 지내는데 왕이 종묘에 지피신다. 큰물을 건너는 일이
이롭다. 이로운 점이다.

初六 用拯馬壯。吉。

초육. 말을 끌어올리려다 말이 상처를 입었다. 길하다.

九二 渙奔其机。悔亡。

구이. 홍수가 나서 집의 기단까지 차오른다. 사라진 것을 후회
한다.

六三 渙其躬, 无悔。

육삼. 홍수가 나서 등골까지 물이 차오른다. 후회가 없다.

六四 渙其群。元吉。渙有丘, 匪夷所思。

육사. 홍수가 나서 자기 무리까지 물이 차오른다. 크게 길하다.
홍수가 언덕까지 덮치니 평소 생각하던 것이 아니다.

九五 渙汗其大號, 渙王居, 无咎。

구오. 홍수가 나서 질펀하고 크게 울부짖는다. 왕이 거처하는 곳까지 홍수가 나지만 허물이 없다.

上九 渙其血去逖出。无咎。

상구. 홍수가 났지만 걱정이 지나가도 경계심이 생기면 허물이 없다.

환은 괘명이다. 수 자와 환奐 자로 구성된 글자인데 환奐은 성대하다는 의미가 있다. 형 자는 향享의 통가자이다. '왕격유묘'는 췌괘 괘사를 참고하라.

초육 효사: 명이괘 육이 효사와 같은 말이 나온다. 둘 다 천만다행이라는 의미이다.

구이 효사: 분 자는 분賁의 통가자이다. 비괘를 참고하라. 유월이 이렇게 보았는데 예기 사의射儀에 나오는 정현의 말을 인용하여 엎어 버린다는 뜻이라 했다. 궤 자는 안석几이 아니라 집을 떠받친 기단을 가리킨다.

육삼 효사: 궁 자는 신身의 통가자이다. 궁 자는 원래 궁躬이라고 썼는데 등골을 가리키는 말이다. 신 자가 배를 강조한 글자인

것과 다르다. 간괘 육사 효사를 참고하라.

육사 효사: '환유구'의 유 자를 리징츠는 우于의 통가자로 본다. 괜찮다. '비이소사'의 술어는 비 자이다. 이 자는 상常의 의미일 것이다. 소 자는 명사화 표지이다.

구오 효사: '환한기대호'에서 기 자는 접속사 이의 통가자이다. 환한은 시경에도 나오는 환환渙渙의 통가일 것이다. 왕거는 왕궁을 가리킨다.

상구 효사: '혈거적출'은 소축괘 육사 효사의 '혈거척출'과 같은 말이다. 참고하라.

#60 예절: 절괘 ䷻

節。亨。苦節, 不可貞。

절. 형통하다. 예절을 지키는 일이 고통스럽다면 안 된다는 점이다.

初九 不出戶庭, 无咎。

초구. 집의 안뜰에서 나가지 않으면 허물이 없다.

九二 不出門庭。凶。

구이. 집의 바깥뜰에서 나가지 않는다. 흉하다.

六三 不節若, 則嗟若。无咎。

육삼. 예절을 지키지 않으면 혀를 차게 된다. 허물이 없다.

六四 安節, 亨。

육사. 예절을 편안하게 여긴다면 형통하다.

九五 甘節, 吉。往有尙。

구오. 예절을 즐긴다면 길하다. 간다면 도움이 생긴다.

上六 苦節, 貞凶, 悔亡。

상육. 예절을 지키는 일이 고통스럽다. 점을 물으니 흉한 점이라
서 사라진 것을 후회한다.

절은 괘명이다. 절약과 예절의 의미인 것은 두 낱말에 모두 절
자가 들어간 것을 보면 알 수 있다. 그러나 앞의 태괘처럼 괘효
사가 너무 간단해서 무엇을 말하고자 하는지 그리 분명해 보이
지 않는다. 초구, 구이 효사를 볼 때 절개로 읽어야 할지도 모르

겠다. 하지만 뒤쪽 중부괘가 외교를 주제로 한 것을 보면 예절이라 읽는 것이 좋을 듯하다. '고절'은 문장인데 형용사의 타동사화 때문에 '…로 여긴다'는 의미가 추가된다.

초구 효사: '호정'이 무엇을 가리키는지 분명치 않다. 고대 중국의 가옥 구조를 생각해 보면 집의 안뜰, 곧 안채가 적당할 듯하다.

구이 효사: '문정'도 무엇을 가리키는지 분명치 않다. 고대 중국에는 마을마다 문이 있었는데 여기 문이 마을 문을 가리킬 수도 있다. 앞서 비괘 육오 효사 '분우구원'에서 구원은 언덕에 있는 집의 뜰이라고 했는데 집이나 마을 문 앞에 있는 텃밭을 가리킨다. 여기서 문정의 정이 원과 같은 것이라면 마을 문 바깥이 될 것이다. 그러나 일단 가옥 구조를 감안해서 집의 바깥채 정도로 이해한다.

육삼 효사: '부절약'과 '차약'의 약 자가 문제이다. 리징츠는 약 자를 문말조사라고 했지만 탐탁잖아 보인다. 차약의 약 자는 연然의 통가자인 듯한데, 부절약의 약 자는 아닐 것이다. 일단 유보한다.

육사 효사: 안절도 고절과 마찬가지 문형이다. 구오 효사의 감절도 마찬가지 문형이다.

#61 외교도 전쟁: 중부괘 ䷼

中孚。豚魚吉。利涉大川。利貞。

중부. 돼지와 물고기라면 길하다. 큰물을 건너는 일이 이롭다. 이로운 점이다.

初九 虞, 吉。有它不燕。

초구. 상례를 치르는 것은 길하다. 변고가 있다면 연례를 치르지 않는다.

九二 鶴鳴在陰, 其子和之。我有好爵, 吾與爾靡之。

구이. 그늘에서 두루미 울자 짝이 그에 화답하네. 내게 좋은 술 생겼으니 나는 너와 함께하려네.

六三 得敵, 或鼓, 或罷; 或泣, 或歌。

육삼. 적을 이기자 북을 울리기도 하고 정렬하기도 한다. 울기도 하고 노래하기도 한다.

六四 月幾望, 馬匹亡。无咎。

육사. 달이 거의 보름에 사끼에 맏들이 잘 달린다. 허물이 없다.

九五 有孚攣如。无咎。

구오. 포로를 잡아 단단히 묶었다. 허물이 없다.

上九 翰音登于天。貞凶。

상구. 닭이 하늘로 올라간다. 점을 물으니 흉한 점이다.

중부는 괘명이다. 부 자를 포로로 읽는 경우가 태반인 역경에서 중부괘의 부 자는 독특한 축에 속한다. 중부는 진심 또는 진심으로 믿는다는 의미가 적당하다. 리징츠도 마찬가지로 보는데 예를 행할 때 믿음이 필요하다는 내용이라고 한다. 절괘의 뒤쪽이라서 그런지 예절 일반을 염두에 두고 있는 듯도 하다. 리징츠는 괘사에서 예절 일반, 효사에서 상례, 빈례, 가례, 군례, 길례의 오례를 말하고 있다고 설명한다. 견강부회이지 싶다. 중부괘의 내용은 기어이 전쟁으로 치닫게 되지만 전쟁에 앞서 외교 활동을 펼친 것의 기록인 듯하다. 외교와 전쟁 사이에 예절이 등장하기는 한다. 전쟁에도 예는 있는 법이니까.

'돈어'를 왕인지는 사 계급이나 서인의 예물이라고 본다. 여러 문헌에서 두루 증명되는 사실이다. 옳다. 하층 계급에 통용되는 예물은 국가 외교의 제유법이다.

초구 효사: 우 자는 상례를 가리킨다. 리징츠는 우 자가 제례祭禮를 가리키기도 한다고 본다. 모호한 풀이이다. 상례는 흉사에 대한 예이고 제례는 길사에 대한 예인데 우 자 다음에 길 자가 나온 탓이리라. 하지만 외국의 상사를 틈타 벌이는 외교라면 이야기가 달라진다. 길은 그에 대한 점사일 것이다. '유타불연'의 타 자는 사事의 통가자이다. 연 자는 술어인데 연음지례讌飮之禮를 가리킨다. 연음지례는 조정에서 베푸는 잔치인데 군신 간의 잔치와 외빈에 대한 잔치로 나뉜다. 따라서 앞의 흉사에 대한 상례를 전제해도 말이 되지만 외교에서 벌어진 일로 이해해도 좋다.

구이 효사: 효사 전체가 명백한 시어이다. '기자화지'의 자 자를 새끼가 아니라 리징츠는 암컷 두루미라고 본다. 옳다. '호작'의 작 자는 술잔을 뜻하지만 여기선 술의 대유법이다. '오여이미지'에서 여 자와 미 자가 술어이다. 리징츠는 구이 효사가 시경의 관저關雎 시와 비슷하다고 보고 남자의 결혼 노래라고 했다. 직접적 의미는 그렇지만 중부괘의 주제를 벗어난 생각이다. 시경의 시들이 가장 널리 쓰인 주요 무대는 외교 현장이었고 거기서 연애 노래는 동맹의 은유이다.

육삼 효사: 초구와 구이 효사를 외교 사건이라고 이해할 때 갑작스런 장면 전환이 이해된다. 이것은 전쟁 장면이다. 외교가 성과를 거두지 못했나 보다. 혹 자를 반복해서 시어의 가락을 만든다. 혹 자 다음의 낱말들은 술어이다. '혹파'의 파 자는 반班의 동의어이다.

육사 효사: 시간을 묻는 점사가 나온다. '마필망'의 망 자를 리징츠는 달린다는 뜻이라고 본다. 일단 유보한다. 육사 효사를 리징츠는 사냥 장면이라 보지만 그렇지 않을 것이다.

구오 효사: 소축괘 구오 효사에 동일한 점사가 나온다. 참고하라. 소축괘 구오 효사에는 '유부연여' 다음에 '복이기린'이 따라 나온다. 이를 미뤄 보면 전리품의 분배를 말하는 듯하다. 리징츠는 췌괘 육이 효사, 승괘 구이 효사를 인용하며 포로를 희생으로 바치는 제사라고 본다. 그렇지 않을 것 같다.

상구 효사: 한음은 닭을 가리킨다는 것이 일반적인 주장이다. 그러나 닭이라도 신화적 닭이어야 할 것이다. 하늘에 올리는 제사에 닭을 바친다는 리징츠의 풀이는 지나치게 합리적이다. 시어처럼 보이는데 제사에서 부른 노래일 가능성이 크다.

#62 날아가는 말: 소과괘 ䷽

小過。亨。利貞。可小事, 不可大事。飛鳥遺之音, 不宜上, 宜下。
大吉。

소과. 형통하다. 이로운 점이다. 작은 일은 괜찮지만 큰일은 안
된다. 날아가는 새가 남긴 울음소리는 윗사람에게는 마땅치 않
고 아랫사람에게는 마땅하다. 크게 길하다.

初六 飛鳥以凶。

초육. 날아가는 새가 흉조를 가져왔다.

六二 過其祖, 遇其妣; 不及其君, 遇其臣。无咎。

육이. 집에서 할아버지에게 잘못하신다고 할 수도 있고 할머니
를 치켜세울 수도 있듯이, 나라에서 임금이 모자란다고 할 수도
있고 신하를 치켜세울 수도 있다. 허물이 없다.

九三 弗過, 防之。從或戕之。凶。

구삼. 잘못한다고 하지 않는 것은 그것을 막기 위해서이다. 제멋
대로라면 그것을 해치기도 한다. 흉하다.

九四 无咎, 弗過, 遇之; 往厲, 必戒, 勿用永貞。

구사. 허물이 없다면 잘못한다고 하지 말고 그것을 북돋워 주라. 세월이 지나 위태로워질 것을 반드시 경계하라. 오랜 기간에 대해 물으니 이롭지 않다는 점이다.

六五 密雲不雨, 自我西郊。公弋, 取彼在穴。

육오. 짙은 구름만 끼고 비가 오지 않는 것은 우리 서쪽 교외에서 시작한다. 공이 주살을 쏴서 저기 구멍에 있는 것을 잡는다.

上六 弗遇, 過之, 飛鳥離之, 凶, 是謂災眚。

상육. 치켜세우지 않고 그것을 잘못한다고 한다. 날아가는 새가 그것에 걸리니 흉하다. 이것을 재앙이라 한다.

소과는 괘명이다. 앞서 휘어진 마룻대를 이야기한 대과괘가 있었다. 대과는 큰 잘못이고 소과는 작은 잘못이라는 뜻이 된다. 그러나 소축괘와 대축괘가 각각 농작물 재배와 목축으로 주제가 다르듯, 소과괘와 대과괘도 주제가 다르다고 할 수 있다. 대과괘에는 언어는 나오지 않고 현상만 나온다. 대과괘는 두드러진 현상, 그것도 나라 망할 만한 망조를 말한 것인지도 모른다. 소과괘는 고대 중국인의 믿음 체계 하나를 엿볼 수 있다. 새에 관한 믿음이다. 바로 앞쪽 중부괘 마지막에도 새가 나왔다. 닭도 새는 새다. 소과괘도 새로 시작한다. 날아가는 새, 지나가 버린다는 의미일 것이다. 말이 그렇다. 뱉고 나면 물리적으로 사라져 버린다. 작은 잘못은 무엇일까. 아마 말 때문에 생긴 잘못일 것이다.

소과의 과 자를 리징츠는 지나가다, 꾸짖다 두 가지 의미라고 본다. '비조유지음'은 비조유음이라면 문장이 되는데 명사화 표지 지 자를 넣어 명사구를 만들었다. '불의상 의하'에서 의 자는 이롭다는 뜻이다. 이 부분을 리징츠는 새점이라고 본다. 현상을 보고 치는 상점의 일종이다. 옳다.

초육 효사: 이 자는 여奧의 통가자이다. 앞서 진괘 상육 효사에서 얼핏 언급했지만 고대 중국인들은 부엉이 계통의 새를 흉조를 가져다주는 흉조라고 보았다. 괘사에서 비조유지음은 바로 초육 효사에서 실현된다.

육이 효사: '과기조'의 과 자와 '불급기군'의 불급은 모두 꾸짖다, 비판한다는 의미이다. 공자가 과유불급을 이야기한 것은 육이 효사와 관련이 있을지도 모르겠다. '우기비'와 '우기신'의 우 자는 우대한다, 예우한다는 의미이다. 괘사에서 '불의상 의하'가 실현된다. 초육과 육이 효사는 괘사의 풀이라고 볼 수도 있겠다.

구삼 효사: '불과'의 과 자는 꾸짖는다는 의미이다. '종혹장지'의 종 자는 종縱의 통가자이고 한 문장이다.

구사 효사: 대뜸 점사가 나온다. 어떤 사안에 대한 것인지 알 수 없다. 이어서 구삼 효사와 같은 문형, 비슷한 표현이 나온다. '왕려'의 왕 자는 다른 것과 달리 장소 이동이 아니라 시간 추이라는 리징츠의 말이 적절하다.

육오 효사: 소축괘 괘사의 말이 반복된다. 관련성을 따져야 한다. '취피재혈'의 술어는 취 자이고 피 자는 재혈의 관형어이다. 소축괘 괘사와 같은 말을 리징츠는 가뭄에 대한 점이고 뒤쪽의 말을 사냥에 대한 점이라고 본다. 지나치게 합리적이다. 무엇을 비유하는지는 알 수 없다.

상육 효사: '비조이지'의 이 자를 리징츠는 나羅의 통가자라고 본다. 그물에 걸린다는 의미로 본 것인데 이 자는 통가되는 글자가 많다. 앞서 이괘를 설명한 것처럼 이 자를 이罹의 통가자로 보아도 된다. 그러면 재앙을 부른다는 의미가 될 것이다. 하지만 일단 리징츠를 유보하기로 한다. '시위재생'이라는 말은 설명이다. 연문이라 보아도 상관없다. 재를 천재, 생을 인재라고 구분하는 경우도 있는데 그런 의미를 살리는 것이 더 좋을 것이다.

#63 물을 다 건너 놓고: 기제괘 ䷾

旣濟。亨。小利貞。初吉, 終亂。

기제. 형통하다. 조금 이로운 점이다. 시작은 길하지만 결국 어지러워진다.

初九 曳其輪, 濡其尾。无咎。

초구. 수레를 끌다가 뒤쪽을 적신다. 허물이 없다.

六二 婦喪其茀, 勿逐, 七日得。

육이. 아내가 앞치마를 잃었지만 쫓지 않아도 이레면 얻는다.

九三 高宗伐鬼方, 三年克之。小人勿用。

구삼. 고종이 귀방을 정벌하여 삼년 만에 이겼다. 소인은 이롭지 않다.

六四 繻有衣袽, 終日戒。

육사. 새 겨울옷을 두고도 헌 겨울옷을 입는다. 해가 저물도록 경계한다.

九五 東鄰殺牛, 不如西鄰之禴祭, 實受其福。

구오. 서쪽 이웃이 봄 제사를 지내는 편이 동쪽 이웃이 소를 잡느니보다 낫다. 복을 알뜰히 받는다.

上六 濡其首, 厲。

상육. 앞쪽을 적시니 위태롭다.

기제는 괘명이다. 다음의 미제괘와 짝이 되는 괘이고 이름조차 짝 지웠다. 기의 부정형이 미이다. 제 자는 물을 건넌다는 의미이다. '초길 종란'의 초와 종을 앞에서는 시와 종이라고 썼다. 종란이라고 한 것에 주목해야 한다. 기제괘에 나오는 귀방 정벌 전쟁의 결과에 대한 평가일 수 있다.

초구 효사: '예기륜'의 윤 자는 바퀴를 가리킨다. 제유법이다. '유기미'의 미 자는 수레의 후미를 뜻한다.

육이 효사: '부상기불'의 불 자를 주준성은 위禕라고 본다. 무릎까지 덮는 옷이란 말로 앞치마를 가리킨다. 리징츠는 증거를 더 찾아 두건이라고 본다. 어느 쪽이든 상관없다. '물축 칠일득'은 진괘 육이 효사와 같다.

구삼 효사: '고종벌귀방'에서 고종은 은나라 고종 무정武丁을 가

리키는 것이 확실하다. 은으로 천도한 반경盤庚 다음다음 임금이다. 귀방은 은나라 북쪽의 이민족 국가인데 강대국이다. 죽서기년竹書紀年에 따르면 무정 32년 귀방을 정벌해서 34년에 이겼다고 한다. '삼년극지'가 옳을 것이다. 구삼 효사는 일단 구체적 역사 사건의 기록이라고 보는 편이 좋을 것이다. 미제괘 구사 효사에도 동일한 사건을 기록하고 있다. 리징츠는 주족도 귀방 정벌에 참전했다고 하는데 그럴 가능성이 있다. 어쩌면 이 전쟁이 은나라의 전성기가 끝나고 주족이 일어나는 계기가 되었는지 모른다.

육사 효사: '수유의녀'에서 수 자를 왕인지는 유襦라고 본다. 솜옷을 가리킨다. 유 자는 우又의 통가자이다. 수 자가 한 문장이고 다음 세 글자가 한 문장인데 의 자가 술어이다. 여 자를 설문해자는 서絮라고 한다. 리징츠는 여 자를 낡은 솜옷이라고 본다. 일단 리징츠를 유보한다. 그러나 솜옷을 입고도 다시 솜옷을 껴입는다고 이해할 수도 있다. 다음 문장 '종일계'에서 종 자의 본래 글자는 동冬이다. 그러면 겨울날을 경계한다는 의미가 통하고 북쪽의 전쟁 상황하고도 어울린다.

구오 효사: 귀매괘 육오 효사가 연상되는 문형이다. 소를 잡는 것은 큰 제사를 지낸다는 의미이다. 약제는 글자 그대로 보면 될 테지만 약 자의 고대 문자형이 약礿이고 약礿의 구성 요소인 작勺

은 약約에도 포함되어 있기 때문에 상대적으로 간단한 제사라는
의미로 봐도 좋다. 소를 잡는 큰 제사와 대조적이기 때문이다. 동
쪽 이웃을 은나라, 서쪽 이웃을 주나라로 보는 것도 나쁘지 않다.

상육 효사: 초구 효사와 대조되는 말이다. 은나라가 기운다는
의미로 봐도 괜찮겠다.

#64 아직은 아니다: 미제괘 ䷿

未濟。亨。小狐汔濟, 濡其尾。无攸利。

미제. 형통하다. 새끼 여우가 물을 건너다가 꼬리를 적신다. 이
로운 것이 없다.

初六 濡其尾。吝。

초육. 꼬리를 적신다. 부끄럽다.

九二 曳其輪。貞吉。

구이. 수레를 끈다. 점을 물으니 길한 점이다.

六三 未濟。征, 凶。利涉大川。

육삼. 건너지 못한다. 멀리 떠나는 일은 흉하다. 큰물을 건너는 일이 이롭다.

九四 貞吉。悔亡。震用伐鬼方, 三年, 有賞于大國。

구사. 점을 물으니 길한 점이다. 사라진 것을 후회한다. 떨쳐 일어나면 귀방을 정벌하기 이롭다. 삼년이 지나 큰 나라에게 상을 받는다.

六五 貞吉, 无悔。君子之光, 有孚。吉。

육오. 점을 물으니 길한 점이고 후회가 없다. 군자의 영광이고 포로를 잡는다. 길하다.

上九 有孚于飲酒, 无咎; 濡其首, 有孚, 失是。

상구. 포로를 잡고 술을 마시니 허물이 없다. 우두머리를 물에 담그고 포로를 잡아 머리를 자른다.

미제는 괘명이다. 앞쪽 기제괘를 참고하라. '소호흘제'의 흘 자는 정괘 괘사와 달리 '거의'라는 뜻의 부사이다. 기제괘에는 수레를 끌고 물을 건넜는데 미제괘에는 여우가 물을 건넌다. 미 자를 당연히 여우 소리도 보여야 한다.

초육 효사: 기제괘 초구 효사와 같은 점사가 나온다. 결과는 다르다.

구이 효사: 기제괘 초구 효사를 갈라 미제괘 구이 효사에 배당했다. 결과도 다르다.

육삼 효사: 괘명이 효사에 나타나는 일은 흔하지만 하나의 문장으로 반복되는 경우는 아주 드물다. 중요한 언급이다.

구사 효사: 점사가 연이어 나온다. 이어서 기제괘 구삼 효사의 역사 사건이 반복된다. 진 자가 문제이다. 진방이란 동쪽 이민족으로 보는 경우가 많지만 글쎄. 이利 자나 물勿 자가 들어가면 적당한 자리인데 말이다. 까오헝은 진을 인명으로 본다. 참고하라. 일단 진 자를 한 문장으로 보는 독법을 권한다. 대국은 은나라를 가리키는 것이 거의 확실하겠다.

육오 효사: '군자지광'은 명사구이고 술어이다. 구사 효사에 이어지는 말일 것이다.

상구 효사: '유부우음주'의 우 자를 리징츠는 접속사 이의 통가자라고 본다. 괜찮다. 그러나 우 자를 글자대로 이해해서 개선 잔치 자리에 포로를 끌고 나온 장면으로 봐도 문제없다. '유기수'는 기제괘 상육 효사에 마찬가지로 나타나는 말이다. 하지만 장

면이 달라서 의미도 달라야겠다. 포로 가운데 우두머리인 추장을 물에 담가 모욕하는 장면으로 봐도 좋겠다. '유부 실시'의 시자를 리징츠는 제題의 통가자로 본다. 괜찮다. 유기수에서 수 자를 이미 썼기 때문에 통가할 수 있는 제 자를 쓴 것으로 이해하면 좋겠다. 리징츠는 상구 효사 장면을 이렇게 이해한다. 포로를 잡아 술을 마시며 축하하다가 술을 너무 마셔서 머리가 젖었고 잡았던 포로에게 도리어 붙잡혀 머리가 잘린다. 글쎄. 앞서 대과 괘 상육 효사에서 언급했듯, 실시가 실제라면 상육 효사의 '과섭 멸정' 정도로 이해할 수 있지 않을까. 그렇다면 기제괘와 미제괘 세트는 은주혁명의 결과에 대한 주족의 평가와 교훈으로 이해할 수도 있을 것이다.

맺는말

    이상 역경을 통독해 보았다. 제법 오래 걸린 주역 공부와 주역에 대해 처음 붓을 잡아 본 일을 마무리하려니 느낌이 없을 수 없다. 군더더기일지라도 한마디 붙여 볼까 한다.

    주역이란 서물을 알게 된 것은 내 어릴 적 할아버지 동서 되는 어른이 우리 집에 며칠 머무셨을 때가 처음이다. 불완전한 기억이지만 그 어른이 어쩌다 '공부는 주역 공부가 최고', '주역은 계사전부터 읽어야지'라고 말씀하셨던 일은 또렷이 남았다.

    그 때문인지 공부 머리도 없는 놈이 주역을 잡고 세월을 보냈다. 석사와 박사까지 주역을 연구해서 학위를 받았으니 제법 했다 싶다. 학위를 마치고 이러구러 세월이 한참 흘러 버렸다. 사는 게 바빴던 탓이 크다. 십년도 넘게 손을 놓고 있다가 이 책과 인연이 닿았다.

> 구약 성경은 머리 없는 몸체로 보인다. 신약은 머리, 사도들의 편지들은 머리 위의 왕관이다. 유태 성경, 곧 구약만 생각한다면 이렇게 말하고 싶다. 머리가 없는 몸체, 해결되지 않는 문제, 이루어지지 않는 희망이라고. 그러나 내가 반드시 왕관 쓴 머리만 생각하는 것은 아니다.
>
> (비트겐슈타인, 1939~1940 무렵, 『문화와 가치』, 87쪽에서 인용.)

비트겐슈타인의 말은 내가 다룬 역경과 다루지 않은 역전의 관계처럼 들린다. 이 책을 마치며 드는 소회는 아직 해결하지 못한 문제들이 너무 많다는 것이지만, 그래도 해결되지 않을 문제라고 믿지는 않는다. 책의 성격상 하지 못한 말도 많다. 그래도 들을 만한 말은 틀림없이 있을 것이다. 다음에 어떤 인연을 만나 주역을 다시 쓸 일이 틀림없이 생길 것이다. 그때 몸체만 아니라 머리도 찾고 왕관도 찾는 희망은 이뤄질 것이라고 믿는다.